좋은 선생도 없고 선생 운도 없는 당신에게

스승은 있다

SENSEIWAERAI先生は偉い
by Tatsuru Uchida
Copyright © 2006 by Tatsuru Uchida
All rights reserved.
Korean translation rights © by MINDLE Publishing Co.,Ltd..SEOUL
Korean translation rights arranged with Tatsuru Uchida

좋은
선생도 없고
선생 운도 없는
당신에게
스승은 있다

우치다 타츠루 씀   박동섭 옮김

민들레

이야기를 처음으로 돌려서 • 089
아베코베코토바 • 093
오해의 폭 • 097
오해의 커뮤니케이션 • 101
듣는 이 없는 말 • 105
말의 머뭇거림이 있는 문장 • 109
오독할 자유 • 113
당신은 무엇을 말하고 싶은가요? • 121
수수께끼의 선생님 • 125
오해하는 자로서의 정체성 • 129
신발 떨어뜨리는 사람 • 135
스승은 있다 • 143

옮긴이 후기 이런 선생님 어디 없나요? • 152

차례

한국어판 서문 · 007
들어가는 말 "'좋은' 선생도 없고 선생 운도 없는", 여러분 · 015

스승은 기성품이 아닙니다 · 021
사제 관계라는 아름다운 오해 · 025
운전학원 강사와 F1 드라이버 · 031
근원적으로 생각하기 · 043
결말이 없는 이야기 · 047
타아 他我 · 051
미래의 시점에서 말해지는 과거 · 055
무라카미 하루키와 장어 · 061
원인과 결과 · 065
침묵교역 · 069
교환과 축구 · 077
대항해시대와 아마존닷컴 · 083

한국어판 서문

한국의 독자 여러분 안녕하세요. 우치다 타츠루입니다.
『스승은 있다』를 구입해 주셔서 감사드립니다. 아직 구입하지 않고 서점에 서서 읽어보고 계신 분 또한 인연이니 서문만이라도 마저 읽어 주시면 감사하겠습니다.
『선생님은 훌륭하다先生は偉い』라는 원제목을 가진 이 책은 치쿠마출판사筑摩書房가 기획한 '치쿠마 프리머 신서' 시리즈 중 하나입니다. 이 시리즈는 무언가에 대해 본질적으로 생각하기 위한 단서를 제공하려는 취지로 만든 일종의 입문서 시리즈입니다.
'무언가를 본질적으로 생각한다' 혹은 '근원적으로 생각한다'는 것은 우리들이 일상에서 무의식적으로 사용하는 말의 진정한 의미와 당연하다고 생각하는 제도와 의례의 기원을 묻는 것입니다.
예를 들면, 화폐, 시장, 자본, 욕망 등에 관해 '그것은 어떤 의미죠?'

같은 새삼스런 질문을 누군가에게 받았을 때 "그건 말이지…" 하고 그 자리에서 대답할 수 있는 사람이 얼마나 될까요? 대답할 수 있다고 말하는 사람이 있을지도 모르겠습니다만 과연 그럴까요. 그렇게 묻는 상대가 어리면 어릴수록 '자본'에 관해 설명하는 것은 힘든 일입니다. 일단 저는 "잠깐 기다려!" 한 뒤 일주일 정도 준비하지 않으면 도저히 대답할 수가 없습니다.

그렇습니다. 그 말의 의미가 자명하며 모두 숙지하고 있다고 생각하는, 일상에서 사용하는 대부분의 말의 '진짜 의미'를 누군가가 우리에게 물었을 때 곧바로 설명할 수 있을 만큼 우리는 이해하고 있지 못합니다. '치쿠마 프리머 신서'는 그런 물음에 답하기 위한 기획입니다.

『스승은 있다』는 시리즈 번호가 002입니다. 시리즈의 두 번째 책이라는 걸 보여줍니다. 첫 번째 책은 하시모토 오사무橋本治 선생의 『제대로 말하기 위한 경어의 책』입니다. 하시모토 오사무 선생은 현대 일본을 대표하는 작가로 한국의 청년들이 꼭 만났으면 좋겠습니다.

하시모토 선생은 '경어란 무엇인가'를 고전부터 일상회화까지 종횡으로 인용하며 설명합니다. 그가 이 책에 담고자 한 것은 특히 청소년들에 대한 '사랑'이었습니다. "얘들아, 경어가 무엇인지를 제대로 이해해서 경어는 어떻게 사용하는지 익혀 둘 필요가 있단다. 경어는 이 거칠고 가혹한 세상에서 너희들이 살아남고 자신의 소중한 감수성을 지켜주는 무기도 된단다"가 당신이 던지는 메시지였습니다.

저는 하시모토 선생의 『제대로 말하기 위한 경어의 책』을 먼저 읽고 나서 어떤 글을 쓸지 계획을 세웠습니다. 저도 하시모토 선생처럼 젊은 독자에 대한 일관된 '사랑'으로 책을 쓰고 싶었습니다. 그때 편집자로부터 "우치다 선생님이 지금의 청소년들에게 가장 하고 싶은 말은 무엇입니까?"라는 질문을 받았고, "선생님은 훌륭하다가 아닐까요" 하고 대답했던 것이 책 제목이 된 것입니다.

이 책은 '선생', '학생', '배움'이라는 일상적으로 우리들이 의미를 알고 사용한다고 여기는 지극히 평범한 말을 가져와서, 그것의 '진짜 의미'가 무엇인지 다시 생각해보는 책입니다. 열여섯 살 청소년이 읽어도 알 수 있도록 말이죠. 그리고 이 책을 다 읽은 친구가 약간 홍조 띤 얼굴로 "그래 지금부터 배우는 거야!" 하고 결의를 다지길 바라고 썼습니다.

저는 서른 살에 교사가 되어서 정확히 30년간 선생 일을 해왔습니다. 대학에서 가르치는 일은 작년에 퇴직을 해서 끝났습니다만 청년들에게 합기도를 가르치는 일은 변함없이 계속하고 있습니다. 그 실천적 경험에서 "어떻게 하면 아이들이 자신의 잠재 가능성을 폭발적으로 개화시켜 가열차게 앞으로 나아갈 수 있을지"에 대한 답이 이 책에 녹아 있습니다.

저는 선생을 하는 동안 아이들이 눈앞에서 허물을 벗고 나비처럼 아름답게 변신하는 장면을 몇 번이나 목도했습니다. 그것은 멋진 경험이었습니다. 저는 "아이는 반드시 성장한다. 모든 아이의 내면에는 잠재된 풍부한 가능성이 지긋이 개화의 순간을 기다리고 있다"라는 꽤 낙관적인 교육관의 소유자입니다. 그렇게 된 데는 아이들의 개화 순간을 지켜본 저의 행복한 경험이 깊게 관련되어 있습니다.

개화 순간을 지켜보면서, 인간이 배움을 향해 가는 길에서, 스스로를 가두는 지적인 감옥에서 탈출하려면 '스승은 있다'라는 말을 솔직하고 거리낌 없이, 웃는 얼굴로 입에 담을 수 있어야 한다고 느꼈습니다.

'선생님은 훌륭하다'나 '스승은 있다'는 일종의 신앙고백과 같은 것입니다. 그것은 어떤 의미에서 '나는 신을 믿는다'라는 말과 같습니다. 그렇게 말하는 사람에게 "신 같은 건 존재하지 않아. 존재한다면 여기로 데려와서 나한테 보여줘봐"라고 말하는 사람은 별로 없습니다. '스승은 있다'도 그것과 똑같습니다.

하지만 눈에 보이지 않는 신과 달리 눈에 보이는 어떤 사람을 두고는 "그 사람 어디가 스승다운 거야. 나는 전혀 그렇게 생각 안 해. 별 볼 일 없는 남자야, 그 사람" 이렇게 말하는 사람은 꽤 많습니다. 스승의 어디가 스승다운지를 일일이 열거해서 증명하기는 어렵습니다. 실은 논리적인 증명이 불가능합니다. "너 도대체 그 여자/남자의 어디가 좋은 거야?"라는 물음에 누구라도 충분히 설득력 있는 대답을 할 수 없는 것처럼 말이죠. '선생님은 훌륭하다'는 신앙이나 연애와 비슷합니다. 그것은 '훌륭하다'라고 생각한 사람에게만 의미가 있는 결정적인 사건입니다. 누구한테나 훌륭한 선생, 모든 사람이 인정하는 훌륭한 선생은 존재하지 않습니다.

훌륭한 선생 즉, 스승이란 이상적으로는 '이 세상에서 나에게만 훌륭한 선생'입니다. 그것은 격한 배움으로의 기동력을 가져옵니다. "이 선생님의 훌륭함을 이해할 수 있는 것은 나뿐이야" 하고 믿을 때만(착각이라도 좋습니다) 사람은 폭발적인 배움으로 나아가기 때문입니다.

여하튼 '선생님은 훌륭하다'를 무엇보다도 확실하게 입증할 수 있는 것은 "그 선생님 밑에서 배운 내가 이렇게 훌륭한 어른이 되지 않았는가"라는 사실입니다. 자기 자신의 지적 성장과 감성적 성숙을 통해서만 '선생님은 훌륭하다'는 언명의 진실성을 증명할 수 있는 겁니다. 반대로 말하면 자신이 성장한다는 바로 그 사실에 의해 과거 나의 언명이 옳았음을 입증할 수 있는 겁니다. 잘 만들어진 시스템이라고 생각하지 않습니까?

'스승은 있다'는 스스로가 성장하지 않고서는 그 진리성을 증명할 수 없는 '선언'입니다. 아무리 생각해도 그러한 선언은 가능한 젊을 때 하는 게 좋고, 가능하면 많은 사람을 향해 '선생님은 훌륭하다' 하고 말하는 게 좋습니다. 그렇게 해서 이익을 얻는 것은 선언한 자신이고, 그 선언 때문에 손해 보거나 곤란을 겪을 사람은 한 명도 없기 때문입니다.

그런데도, 요즘 청년들은 '선생님은 훌륭하다'는 말을 하길 주저하는 게 안타까워서 이 책을 썼습니다.

아마도 누군가에게 '선생님 가르쳐 주세요'라고 간청하는 게 자신의 부족함을 폭로하는 것으로 느껴진다든지 뭔가 빚을 지는 것 같아서 싫다는 이유로 그 선언을 주저하고 있을 거라고 생각합니다. 그런 말을 하길 주저하면 결국은 죽을 때까지 어린 아이로 있을 수밖에 없을 텐데, 안타깝습니다.

요즘 아이들은 '선생님은 훌륭하다'라는 말을 싫어합니다. 그리고 어쩌면 바로 그래서 뭔가를 배울 의욕이 떨어지고 학습시간은 줄어들고, 학력은 점점 저하되었습니다. 오늘날의 일본 아이들은 '근대 역사상 가장 공부를 하지 않는 아이들'입니다. 누구한테든 머리를 숙이지 않고 누구한테든 가르쳐 달라고 무릎을 굽히지 않음으로써 아이들은 보잘 것 없는 자존심과 주체성을 지켜냈을지 모릅니다. 하지만 그 대가로 너무 큰 것을 잃어버렸다고 생각합니다.

사정은 일본과 한국이 그렇게 다르지 않을 거라고 생각합니다. 미디어가 전하는 정보로는 한국의 아이들이 세계에서 공부를 가장 많이 하고 있는 것 같습니다(일본과는 비교가 안 됩니다). 하지만 그 세찬 노력의 목표가 일류대학 입학과 대기업 취직, 높은 월급, 높은 위신, 큰 권력, 풍부한 문화자본과 같은 사적이익이라면 미안한 말입니다만 여러분의 노력은 '성숙'과는 인연이 없습니다.

왜냐하면 그런 사적인 이익의 가치는 여섯 살 아이도 알 만한 것이니까요. 어른이란 '아이는 모르는 가치를 아는 사람'입니다(어른에 대한 정의는 그 밖에도 많이 있습니다만 그중 한 가지가 이것입니다).

우리들이 무언가를 배우는 이유는 '아이가 보는 세계'보다 더 넓은 세계에 발을 내어놓기 위함입니다. 돈이 좋다, 좋은 집에 살고 싶다, 모두가 치켜세워주면 좋겠다, 멋진 배우자를 얻고 싶다 같은 것이 인생의 목적이라고 말하는 사람은 설령 환갑이 지났어도 '아이'입니다. 그 나이가 될 때까지 끝끝내 배움과는 인연이 없었던 셈입니다.

저는 가능하면 모든 청년들이 '어른'이 되길 바랍니다. 음, 모두가 그리 되긴 무리겠지만 가능한 더 많은 사람들이 어른이 되었으면 하는 바람으로 이 책을 썼습니다. 청소년을 독자로 상정해서 썼지만 더 어린 친구가 읽거나 성인이 읽어도 별 문제가 없을 거라 생각합니다. 그리고 아이를 성숙으로 이끄는 것은 모든 공동체의 책무이기 때문에 일본뿐만 아니라 한국은 물론 중국, 미국, 유럽을 비롯한 어떤 나라의 독자에게도 절실한 문제를 논하고 있다고 생각합니다.

이야기가 길어졌습니다. 이 정도에서 맺으려 합니다. 이 책을 읽고 한국의 독자 여러분이 어떤 감상을 갖게 될지 꼭 알고 싶습니다.

자, 그러면 또 다른 책으로 여러분과 만날 수 있으면 좋겠습니다.

끝으로 이 책의 한국어판 출간을 위해서 수고하신 옮긴이, 민들레 출판사 여러분에게 진심으로 감사의 말씀을 전하고 싶습니다.

스승은
있다

들어가는 말

"좋은 선생도 없고 선생 운도 없는" 여러분

여러분 안녕하세요.

이 책은 젊은이들을 대상으로 한 시리즈 중 한 권입니다. 제가 이 시리즈 한 권을 집필하기로 결정되었을 때 편집자에게 "독자들에게 어떤 메시지를 가장 전하고 싶습니까?"라는 질문을 받았습니다. 스푼으로 커피를 저으면서 잠깐 생각한 나는 이렇게 대답했습니다.

"선생님은 훌륭하다가 아닐까요?"

• • •

오늘날의 젊은이들을 보노라면 '훌륭한 스승'을 만나지 못하고 있는 것이 몹시 안타깝게 느껴집니다. 그것이 제가 이 책을 쓰게 된 동기입니다. 만약 여러분에게 한 치의 망설임도 없이 "선생님은 훌륭하다"고 말할 수 있는 스승이 있다면 세상을 보는 시선이 넓어지고, 느끼고 생각하는 방식도 많이 바뀔 것이며, 앞으로 깊이 있는 성찰과 함께 인생을 살게 될 거라고 생각합니다. 하지만 거의 대부분의 사람들은 '훌륭하다'라고 단언할 수 있는 인생의 스승을 만나지 못하고 있습니다.

물론 "그건 제 책임이 아닙니다. 존경할 수 있는 선생님을 곁에 두지 못한 것이 아니라 존경할 수 있는 선생님이 없을 뿐입니다" 하고 반론하는 분도 있을 겁니다. "나도 존경할 수 있는 선생님만 만났더라면 존경했을 겁니다. 존경할 수 있는 선생님을 만나지 못한 것은 선생 운이 없는 것이지 제 책임이 아닙니다."

역시!

그러고 보니 여러분의 논리는 '좋은 선생님'이 멸종 직전에 이르렀기 때문에 우리 주위에서 훌륭한 선생님을 찾아볼 수 없는 것은 당연하다(신문에서는 그렇게 쓰고 있지요)는 것이군요. 게다가 '선생 운도 없다'니! 설상가상이네요. 좋은 선생이 없는 데다 선생 운도 없다! 이 두 가지 복합 효과로 여러분은 여태껏 진심으로 존경할 '스승님'을 만나지 못했군요.

그런데 그렇게 생각하는 것이 과연 옳을까요?

네, 알겠습니다. 일단 그렇다고 해둡시다.

• • •

이 책은 여러분이 아마도 그런 생각을 할 거란 전제에서 "그건 좀 틀린 생각이 아닐까요?"라고 되묻는 책입니다. 아니 조금이 아니라 '완전히 반대되는 것'을 주장하려는 책입니다. 선생이라는 존재에 대한 여러분의 생각을 뿌리부터 흔드는 것, 바로 그것을 이 책은 노리고 있습니다.

방금 '완전히 반대'라고 말씀드린 이유는, 좋은 선생은 여러분이 만나기 전에 앞서 존재하는 것이 아니기 때문입니다. 또한 만인에게 좋은 선생 같은 것도 실재하지 않는다고 말씀드리는 게 좋겠군요.

그러므로 당연히 선생 운이란 것도 없습니다. 있을 리가 없죠. 존재하지도 않기 때문에 그런 것을 만날 운이 있을 리가 없습니다.

이렇게 갑자기 결론을 내버려서 미안합니다. 물론 "지금 무슨 말씀을 하고 계신 겁니까? 저는 공경할 가치가 충분한, 훌륭한 선생님을 만났습니다"라고 말하는 행운의 독자가 계실지도 모릅니다. 다행입니다. 하지만 그분도 어쩌다 자신이 '스승'을 만날 수 있었는지에 대해서는 제대로 설명하지 못할 겁니다.

"그냥 운이 좋았기 때문이 아닐까요?"

그렇습니까? 하지만 선생 운 같은 것은 없다고 방금 말씀드렸습니다. 왜냐하면 누구에게나 좋은 선생님은 존재하지 않기 때문입니다. 당신이 인생의 스승으로 존경하는 선생님은 당신에게만 좋은 선생님인 것입니다. 다른 사람에게는 그냥 평범한 아저씨거나 아주머니일지도 모릅니다. 다른 이에게는 그저 평범해 보이는 이가 당신에게는 깊은 사물의 이치를 통찰하는 지혜를 보여주고, 당신으로 하여금 깊이를 알 수 없을 정도의 애정을 쏟아붓게 하는 인생의 스승처럼 여겨졌다면 거기에는 이미 당신의 인격적 특성이나 기호, 편견이 관여하고 있다는 말이 되지요. 그렇다면 그것은 '우연'이라고 말할 수 없는 노릇입니다. 만약 당신이 '인생의 스승'과 만난 후에도 여전히 선생님을 만난 것은 완벽한 우연이었다고 생각하고 있다면 유감입니다만 당신이 만난 것은 선생이 아닙니다. 만나기 이전이라면 우연으로 생각될 만남이 만남 후에는 '필연'으로밖에 생각할 수 없는 사람, 이것이 '선생'에 대한 정의입니다.

・・・

저는 이 책에서 '어떤 조건을 갖춰야 훌륭한 선생인가?'를 묻거나 혹은 '선생은 이런저런 사회적 기능을 맡고 있기 때문에 훌륭하다'고 논증할 생각은 없습니다. 왜냐하면 이 책은 '당신이 훌륭하다고 생각한 사람, 그 사람이 바로 당신의 선생님'이라는 정의에서 출발하기에 '선생님은 훌륭하다'라는 명제는 이 책의 기정사실인 것입니다. 이 책의 나머지 부분은 '사람이 누군가를 훌륭하다고 생각하는 것은 어떤 경우인가?'라는 '훌륭함의 현상학'에 할애했습니다. 효과적인 전개죠. 이렇게 효과적으로 만들어진 책이기에 이야기를 서두를 필요가 전혀 없습니다. 아직 많은 페이지가 남아 있으니까요. 마지막 페이지까지 단

한 가지 사안에 대해 이렇게 저렇게 생각해보면 되는 겁니다. 천천히 같이 가시죠.

앞에서 말했던 '여러분이 훌륭한 선생님을 만날 수 없는 두 가지 이유', '좋은 선생도 없고 선생 운도 없다'는 사실의 옳고 그름을 따지는 것부터 시작할까요. 어디서부터 시작해도 다다르는 곳은 똑같습니다만, 일단 여기서부터 이야기를 시작해보죠.

스승은
있다

스승은 기성품이 아닙니다

가장 중요한 이야기부터 먼저 시작하죠.

'누구나 존경할 수 있는 선생님'은 존재하지 않습니다. 예전부터 없었습니다. 많은 사람들이 생각하는 것과는 달리 그런 선생님은 '멸종 직전'은커녕 처음부터 존재하지 않았습니다. 마찬가지로 '선생 운' 같은 것도 없습니다. 선생님이라는 존재는 저쪽에서 이쪽으로 걸어오는 것이 아닙니다.

"어이! 야마다군 오늘부터 내 제자가 되게나. 나야말로 자네가 그토록 찾던 '좋은 선생'일세."

"와, 정말입니까? 만세!"

이런 심플한 만남을 기대해도 소용없습니다. 그것은 "어느 날 백마 탄 왕자님이 나타나서…"와 같은 망상에 지나지 않습니다.

스승은 눈을 크게 뜨고 여기저기 발품을 팔아 스스로 찾아내는 것입니다. 스승을 찾기 위해 지난한 여행을 한 사람에게만 만날 기회가 찾아옵니다. 팔짱을 끼고 낮잠을 자면서 좋은 선생의 도래를 기다리면 아무 일도 일어나지 않습니다.

존경할 수 있는 선생님은 연인과 비슷합니다. 친구로부터 "내 애인은 정말 최고야!"라는 말을 듣고 실제로 만나 보면 '아닌 것 같은데' 하고 생각한 적이 다들 있을 겁니다. "도대체 어디가 좋다는 거야. 그런 넙치 같은 얼굴이…" 하고 혼잣말을 했을 겁니다. 그래도 본인이 좋다는데 어쩔 수 없는 거죠.

그런데 한번 생각해보세요. 뚱보가 글래머로 보이고, 음울한 얼굴이 우수에 찬 모습으로, 낭비벽이 대범함으로, 결벽증이 치밀함으로 보이는 이러한 '연애 망상' 덕분에 인류는 오늘날까지 번영해왔습니다('번영'에는 의견 차이가 있을 수 있으니 '번식'으로 바꿀까요?). 이 같은 행복한 착각 덕분에 어떤 얼굴을 하고 있더라도 혹은 어떤 비뚤어진 성격이라도 대부분 한 명씩 배우자를 배당받는 겁니다. 만약 이 망상의 마법이 풀려서 모두가 동일한 심미적 기준으로 이성을 바라보게 된다면 정말 큰일이겠죠.

이러쿵저러쿵 말들이 많지만 여하튼 연애라는 것은 '이런 사람이 가장 멋지게 보인다'는 객관적 판단을 무시한 상태에서 성립합니다. 자신이 사랑하는 사람이 최고로 보이는 '오해'의 자유와 심미적 기준의 다양성(사실은 아무 근거가 없죠)에 의해 우리 인류는 오늘날까지 명맥을 유지해온 것입니다. 생물종이라는 것은 다양성을 취하지 않으면 멸종해 버리기 때문이죠. 몰랐습니까?

　지구상에는 무수한 생물종이 있죠. 왜 이렇게 다양해야만 하는지 알고 계십니까? 생물학이 우리에게 가르쳐주는 바에 따르면 종이 다양해야 생태계가 안정적이기 때문입니다. 사바나의 사자는 말뿐만 아니라 얼룩말도 잡아먹습니다. 만약 초원의 풀이 감염되어 사바나의 말들이 전멸했다고 칩시다. 사자 입장에서 본다면 "자, 그럼 이제 얼룩말이나 잡아먹어볼까!"로 끝날 일입니다. 그리고 얼룩말이 그 풀을 먹지 않았던 까닭은 '왠지 구미가 당기지 않았다' 정도의 이유겠죠. 허나 이 '왠지' 하나의 차이로 사바나의 생태계는 치명적인 위험을 피할 수 있게 되는 것입니다.

　그런 것입니다. 생물에 관한 한 단일한 '정답'에 모두가 동의하는 것보다 '오해'가 만연하는 것이 자신의 종을 유지하는 데 절대적으로 유리합니다.

스승은 눈을 크게 뜨고 여기저기 발품을 팔아 스스로 찾아내는 것입니다. 스승을 찾기 위해 지난한 여행을 한 사람에게만 만남의 기회가 찾아옵니다. 팔짱을 끼고 낮잠을 자면서 좋은 선생의 도래를 기다리면 아무 일도 일어나지 않습니다.

사제 관계라는 아름다운 오해

 아, 이야기가 옆으로 샜습니다. "매운 여뀌 잎을 먹는 벌레도 제멋이다"는 이야기를 하고 있었죠. 여러분은 이 속담을 모르십니까? 요즘은 이런 속담을 잘 사용하지 않겠군요. 여뀌 잎은 식용식물이지만 맵습니다. 그런데 벌레 중에는 이 여뀌 잎을 매우 좋아하는 벌레가 있어요. 대개의 벌레들이 싫어하는 것을 좋아하는 벌레가 있는 것처럼 사람의 기호도 다양하다는 것을 연애 관계에 빗대서 만든 속담입니다.

 제삼자는 사랑에 빠진 사람의 눈에 비친 연인의 용모가 어떤지 결코 알 수 없습니다. 그것은 '사랑한다'는 강하고 깊은 관계 속에서 조형된 일종의 '작품'이기 때문입니다. 우리가 연애 관계 속에서 경험하는 환희와, 절망을 주위 사람이 동일한 리얼리티로 경험할 수는 없습니다. 하지만 그것이야말로 연애라는 경험의 가장 훌륭한 점 아닐까요? 그렇기 때문에 여러분도 '언제간 나도 세계 최고의 연인을 만나지 않을까'라는 은밀한 기대를 마음에 품고 살아갈 수 있는 것입니다.

선생도 이와 같습니다. "우리 선생님은 정말 최고야! 내 평생의 스승이야"라고 팔불출처럼 말하는 거죠. 연애와 똑같이 '오해' 혹은 '망상'이라고 불러도 좋습니다. 그러나 스승에 대한 이러한 오해의 다양성 때문에 한 사람 한 사람이 고유한 성숙의 과정을 밟아갈 수 있는 것입니다.

• • •

연애가 오해에 터하듯 사제 관계도 본질적으로 오해에 기초합니다. 이것이 중요한 점입니다.

사제 관계라는 것은 기본적으로는 아름다운 오해에 기초한 것입니다. 그 점에서 연애와 같습니다. 누가 보더라도 못생긴 남자나 성격 나쁜 여자와 사랑에 빠진 이가 '진실한 사랑'을 발견했다고 믿는다고 칩시다. 그때 사랑에 빠진 사람이 경험하는 것은 틀림없이 '진실한 사랑'입니다. 그때의 도취와 고양, 더할 나위 없는 행복은(혹 나중에 환멸을 느낀다고 할지라도) 분명 압도적인 현실입니다.

이와 반대되는 경우도 우리 주위에서 흔히 볼 수 있습니다. 소개팅을 할 때 사전에 "정말 좋은 녀석이야", "멋진 사람이지"와 같은 정보를 듣고 만났는데 정작 그런 느낌이 들지 않는 경우가 있죠. 조건은 갖춰졌는데 가슴이 두근거리지 않는.

이러한 상황이 의미하는 것은 사랑에 빠지게 되는 계기는 학력이나 연봉, 생김새, 옷 입는 감각과 같은 외형적·정량적 조건이 아니라는 겁니다. 방긋방긋 웃는 소녀의 얼굴에 때때로 스치는 깊이를 알 수 없는 슬픔이라든지, 평소에는 험악한 표정을 짓는 소년이 버려진 고양이를 바라보는 측은한 시선과 같은 그러한 '의외성'이 가슴을 철렁 내려앉게 하죠. 대개는.

하지만 그런 것은 '실재'하는 것이 아닙니다. '이 사람에게는 그런 점이 있다'고 발견한 것이 나 혼자라는 확신 때문에 가슴 두근거리는 거죠. 제 뜻이 잘 전달되고 있나요?

길 위에 만 원짜리 지폐가 떨어져 있는 것을 발견했는데 지나가는 사람들은 아무도 그 사실을 모른다면 심장이 두근두근하죠. '아무도 이 사실을 모른다. 내가 다섯 발자국 움직일 동안 아무도 눈치채지 못하면 이 돈은 내 것이 된다'고 생각하면서 걷는 동안은 정말로 심장이 터질 듯하겠죠.

이는 과학자의 경우도 같습니다. 어떤 가설을 세워서 실험을 하던 도중 자신이 탐구하는 것이 노벨상을 받을 만한 새로운 발견이라는 예감이 들어서 〈네이처Nature〉라든가 〈사이언스Science〉에 투고할 마음을 먹고 인터넷에서 선행 연구를 검색할 때면 심장이 튀어나올 정도로 두근거리겠죠.

이 사례는 '두근거림'의 전형적인 경우입니다만, 그 두근거림은 아무도 자각하지 못한 것을 나 혼자만 알고 있다는 경험을 통해서 얻을 수 있는 것으로, 아마도 그것을 통해 '나'라는 존재의 확실한 증명을 받은 느낌이 들기 때문이겠죠. 사랑도 과학 실험도 그러한 의미에서 아주 인간적인 행위입니다.

사람들은 대개 사랑에 빠지게 된 계기를 "그 누구도 모르는 이 사람의 훌륭한 점을 나는 알고 있다"는 문장으로 표현합니다. 모두가 알고 있는 '좋은 점'을 나도 똑같이 아는 것만으로는 사랑이 시작되지 않습니다. 선생도 똑같습니다. 아무도 알지 못하는 이 선생의 훌륭한 점을 나만 알고 있다는 '오해'로부터 사제 관계는 시작하는 것입니다.

• • •

연애에 관한 제 설명에 고개를 끄덕이는 분도 선생으로 넘어가면 곧바로 납득하지는 못할 거라 예상합니다. 그래서 조금 더 차분히 이 문제를 논의해보기로 하죠.

사제 관계나 교육의 장場은 무엇인가를 배울 기회를 줍니다. 그렇죠? 그렇다면 '배운다'는 것은 무엇을 의미할까요? '특정한 지식과 기술을 소유하고 있는 사람으로부터 대가를 치러 얻는 것'으로 정리해도 되겠습니까?

이 정의가 맘에 드십니까? 정말로? 자, 그럼 일단 그렇다고 칩시다. 그런데 학생이 선생님에게 깊은 경의를 품게 되는 경우와 그렇지 않은 경우가 있습니다. 그 차이는 어디서 비롯되는 걸까요? 유용한 지식과 기술을 얻으면 경의를 품게 되지만 그가 주는 것이 별로 유용하지 않으면 존경하지 않게 된다는 건가요? 그렇습니까? 아니 저는 그렇지 않다고 생각합니다. 앞에서 논의한 연애 이야기를 떠올려 보세요. 우리는 사랑에 빠질 때 다른 사람들과 자격 조건을 비교하지 않습니다. 그 사람의 '스펙'이 문제가 아니기 때문입니다.

여러분은 혹 '배움'을 선생이 지식과 기술을 제공하고 학생이 대가를 지불해 성립되는 '거래'로 생각하지 않습니까? 자동판매기처럼 동전을 넣으면 '자격'과 '졸업장'이 나오는 것이라고요. 배움이 그런 것이라면 확실히 자동판매기에 들어 있는 그 내용물이 가장 중요하겠지요. 콜라를 사려고 버튼을 눌렀는데 컵라면이 나오면 곤란하죠. 하지만 배운다는 것은 그런 것이 아닙니다.

모두가 알고 있는 좋은 점을 나도 똑같이 아는 것만으로는 사랑이 시작되지 않습니다. 스승도 똑같습니다. 아무도 알지 못하는 이 사람의 훌륭한 점을 나만 알고 있다는 오해에서 사제 관계는 시작하는 것입니다.

운전학원 강사와
F1 드라이버

구체적인 예를 하나 들어 보죠.

자동차 운전을 배우는 경우를 떠올려 봅시다. 운전학원 강사가 있죠. 수강생들은 이 사람을 '선생님'이라 부릅니다만 과연 그를 '선생'으로 볼 수 있을까요?

확실히 그들은 자동차 운전이라는 매우 유용한 기술을 가르쳐줍니다. 하지만 이 강사에게 경의를 품거나, '은사'라고 부르거나, 학원 수료 후 동창회를 열어서 "아, 자넨 정말 S자 코스에 쩔쩔맸지. 하하하!" 하면서 옛날이야기로 꽃을 피운다는 말은 들어보지 못했습니다. 여러분들은 수료하자마자 강사의 이름과 얼굴을 잊어버리지 않습니까? 자동차 운전 기술과 교통 규칙은 분명 유용한 지식과 기술입니다. 그것을 전수받았음에도 왜 여러분은 제공한 사람을 존경하지 않는 걸까요?

비슷한 예를 하나 들어보죠. 당신이 임시 면허를 딴 후에 우연히 F1 (세계자동차연맹FIA에서 주최하는 자동차 경주 대회로 포뮬러원월드챔피언십 Formula One World Championship을 줄여 부르는 명칭_편집자주) 드라이버의 가르침을 받을 기회가 있었다고 칩시다. 고작 한나절 정도의 강습이지만 평생 그 수업을 잊지 못할 겁니다. 오히려 기회가 있을 때마다 F1 드라이버에 대해 즐겨 이야기하지 않을까요? "나는 그 유명한 F1 드라이버 슈마허에게 액셀러레이터 워크를 배웠다"고 말이죠.

이 차이는 어디서 오는 걸까요? 집 근처에 있는 운전학원 강사와 레이스 드라이버의 지명도 차이일까요? 정말로? 여러분, 그렇게 속물이었나요? 그저 유명인이라는 이유로 존경할 수 있나요?

아니죠. 이 존경하는 정도의 차이는 '배운 것'의 차이에서 유래합니다. 그럼 무엇이 다를까요? 학원 강사보다 슈마허의 운전 기술이 훨씬 뛰어나기 때문에? 정말로요? 막 면허를 딴 당신이 운전 기술을 평가할 수 있나요? 학원 강사도 야밤에 아우토반을 폭주하는 레이서일 수도 있죠. 하지만 그럴지라도 강사는 당신에게 '폭주'를 가르치지 않을 것입니다. 왜냐하면 운전학원에서는 더블 클러치라든지 스피드 턴 같은 것은 가르칠 수 없으니까요.

그러면 무엇이 다른 것일까요? 두 사람은 당신에게 자동차 운전이라는 똑같은 기술을 가르쳤습니다. 하지만 당신이 배운 것은 다른 것입니다. 그런 일이 일어나는 거죠. 강사로부터 여러분이 배운 것은 자격 검정에 합격하기 위한 수준의 운전 기술입니다. 면허증을 획득할 수 있는 최소한의 기술을 익히는 것이 여러분의 학습 목표인 거죠. 뚜렷한 목표이고, 이를 위해 여러분은 유용한 기술과 법규에 관한 지식을 획득합니다. 하지만 분명한 교육 목표를 설정해서 유용한 기술을 학습하고, 또 그 기술이 당신의 인생에 여러 가지 편익을 가져다줬음에도 운전학원 강사는 당신에게 지속적인 경의를 얻을 수 없습니다.

한편 F1 드라이버는 고작 한나절 동안 강습을 했을 뿐입니다. 물론 드라이버는 당신의 얼굴을 그날 바로 잊어버릴 것입니다. 그는 우연히 만난 한 젊은이에게 기초적인 핸들링과 기어 변속을 '쿨'하게 가르쳐줬을 뿐입니다. 하지만 당신은 그로부터 평생 잊을 수 없는 것을 배웠습니다. 왜 그럴까요? 한번 생각해보세요. 지명도도 아니고 기술의 능숙함과 서투름의 차이도 아니라면 그 차이는 무엇이라고 생각합니까?

그것은 바로 한쪽으로부터는 '정량적인 기술'을 배우고 다른 한쪽으로부터는 '기술은 정량적인 것이 아니다'라는 것을 배웠다는 것입니다.

F1 드라이버가 당신에게 반드시 가르쳤을 두 가지가 있습니다(자동차 레이스는 전혀 모르지만 이 정도는 압니다). 하나는 '운전에는 이것으로 됐다는 한계가 없다'는 것이고 또 하나는 '운전은 창조이고 드라이버는 예술가'라는 것입니다.

분야를 막론하고 기술에는 무한한 단계가 있어서 인간은 완벽한 기술을 달성할 수 없습니다. 어떤 영역이든 프로는 '이 길을 만만하게 봐서는 안 된다'는 것을 초심자에게 일러줘야 합니다. 그렇게 말하지 않으면 그 사람은 프로가 아닙니다(만약 아마추어 앞에서 "이런 건 누구나 할 수 있어. 간단해"라고 말하는 프로가 있다면 뭔가 불순한 의도가 있을 테니 의심해 보세요).

기술에는 무한한 단계가 있어서 완벽한 기술에는 결코 도달할 수 없음에도 불구하고 왜 그토록 많은 사람들이 프로가 되길 꿈꿀까요? 그것은 완벽한 기술에 도달할 수 없는 방식이 사람마다 다 다르기 때문입니다.

완벽한 기술에 이를 수 없다는 것은 '천재적 재능의 두 사람이 아무리 애써도 같은 곳에 다다를 수 없다'는 것을 뜻합니다. 재능이 있고 노력을 아끼지 않는 사람은 반드시 독창적인 기술을 창조합니다. 그리고 그 독창적인 기술에 의해서 그 영역의 역사에 이름을 남기게 됩니다. 지금 제가 이야기하고 있는 것은 예술 영역에 국한되지 않습니다. 스포츠든 음악이든 미술이든 개인의 높은 기량이 평가되는 모든 영역에 똑같이 적용됩니다.

운전학원 강사는 '다른 사람과 같은 수준에 도달했는가?'로 당신을 평가합니다. 반면 레이스 드라이버는 '다른 사람과 어떻게 다른가?'로 당신을 평가합니다. 그 평가를 실시하기 위해서 한쪽은 '이것으로 끝'이라는 도달점을 구체적으로 제시하고 다른 한쪽은 '끝이라는 것은 없다'고 하면서 도달점을 소거시킵니다. 두 교사가 다른 점은 이것입니다. 네, 이것뿐입니다.

'이걸 할 수 있으면 된 거야'라고 가르치는 선생님과 '배움에는 끝이 없다'는 것을 가르치는 선생님 사이에는 커다란 차이가 있습니다. '배움'이 무엇인가를 생각할 때 가장 중요한 것은 바로 이것입니다. 이 차이가 무엇인지, 그 차이는 왜 생기는지를 생각해봐야 합니다.

한 번 더 말씀드리기로 하죠. 배운다는 것은 단지 유용한 기술과 지식을 전수받는 게 아닙니다. 왜냐하면 슈마허에게 액셀러레이터 워크를 배웠을 때 당신은 그가 무엇을 말하는지 전혀 몰랐을 것이기 때문입니다. 그의 말이 너무 어려워서 알아듣지 못했음에도 불구하고, 아니 전혀 알아듣지 못했기 때문에 당신은 그로부터 본질적인 것을 배울 수 있었을 것입니다.

앞에서 프로는 두 가지를 강조한다고 했습니다. 그것은 '기술에는 완성이 없다'와 '완벽을 벗어나는 방식에서 창조성이 생겨난다'는 것입니다. 이 두 가지가 '배우는 것'의 핵심에 있는 사실입니다. 말이 좀 어렵습니다만 이는 연애와 완전히 똑같습니다. '연애에 끝은 없다' 그리고 '실패하는 과정에서 우리들은 독창성을 발휘한다'.

● ● ●

배운다는 것은 창조적인 일입니다. 같은 선생님에게라도 똑같은 것을 배우는 학생은 없습니다. 그렇기 때문에 우리들은 배웁니다.

우리들이 배우는 이유는 만인을 위한 유용한 지식과 기술을 습득하기 위해서가 아닙니다. 자신이 이 세계에서 다른 것과 바꿀 수 없는 (다른 것과 교환할 수 없는) 존재라는 사실을 확인하기 위함입니다.

우리들이 선생님을 경애하는 것은 선생님이 나의 '유일무이성'의 보증인이기 때문입니다. 만약 제자들이 그 선생님에게 '똑같은 것'을 배웠다고 한다면 그것이 아무리 훌륭한 견해 혹은 기법이라 하더라도 배움의 유일무이성은 손상을 입게 됩니다. 왜냐하면 내가 아니라도 다른 누군가가 선생님의 가르침을 전할 수 있기 때문입니다.

그러므로 제자들은 선생님으로부터 결코 똑같은 것을 배울 수 없습니다. 한 사람 한 사람이 자신의 그릇에 맞춰서 각각 다른 것을 배우는 것, 그것이야말로 배움의 창조성, 배움의 주체성입니다.

제자에게는 '많고 많은 제자들 중에 선생님의 이런 훌륭한 점을 알고 있는 것은 나 혼자'라는 믿음이 절대적으로 필요합니다. 그것을 저는 '오해'라고 부릅니다.

그것은 연인들이 서로 '당신의 진정한 가치를 알고 있는 이는 세상에 나밖에 없다'고 말하는 것과 똑같습니다. 이 선생님의 진정한 가치를 이해하고 있는 사람은 나밖에 없다!

그런데 잘 생각해보면 "이 세상에서 당신의 진가를 이해하고 있는 것은 나밖에 없다"라는 말에는 이상한 점이 있습니다. 이는 곧 '당신의 진가는 (세상으로부터) 매우 이해받기 어려운 것'이라는 의미를 내포하고 있기 때문이죠. 당신은 누구나 인정할 만한 미인 혹은 누구나 경애할 만한 인격의 소유자가 아니라는 뜻입니다.

이상한 이야기입니다만 사랑 고백이나 스승에 대한 감사의 말은 "당신은 (나 이외의) 누구에게도 당신의 진가를 인정받지 못할 것이다"라는, 세상으로부터의 부정적인 평가를 전제하고 있습니다. 하지만 이 전제가 없으면 연애도 사제 관계도 시작되지 않습니다. "내가 없으면 당신의 진가를 이해하는 사람은 사라진다"는 전제로부터 도출되는 것은 바로 다음의 말입니다.

"그래서 나는 존재해야 합니다."

이런 논리에 의해서 우리들은 자신의 존재 의미를 근거 짓습니다. 우리들이 배움을 그만두지 못하는 것은 사회가 특정한 정보와 기술 습득을 요구하고 있다든지, 그런 것이 없으면 먹고 살 수 없기 때문이라든지 그러한 공리적인 이유 때문이 아닙니다.

물론 그런 이유만으로 학교나 교육기관을 다니는 이도 있지만 그렇게 해서는 결코 '스승'을 만날 수 없습니다. 왜냐하면 그 사람들은 '다른 사람이 할 수 있는 것을 자신도 할 수 있으려고' 무언가를 배우기 때문입니다. 자격을 딴다든지, 이러이러한 검정 시험에 합격한다든지, 면허증을 손에 넣는다든지. 그런데 그런 건 배움의 목적이 아닙니다. 배움에 수반되는 부차적인 현상이긴 합니다만 그것을 목적으로 둬서는 결코 스승을 만날 수 없습니다.

스승은 '남들처럼 되고 싶은 사람' 앞에는 결코 모습을 드러내지 않습니다. 왜냐하면 그런 사람에게 스승은 불필요하다 못해 방해가 되기 때문입니다. 스승은 '내가 이 세상에 태어난 이유는 나밖에 할 수 없는 일, 나 이외의 누구도 대체할 수 없는 책무를 수행하기 위함이 아닐까?'라고 생각하는 사람 앞에만 등장합니다. 그의 말의 참 의미를 이해하고, 이 사람의 진짜 가치를 알고 있는 이는 나만이 아닐까라는 행복한 오해가 생긴다면 어떠한 형태의 정보 전달로도 사제 관계가 성립됩니다.

책을 통한 사제 관계도 가능하고, 텔레비전을 보고 '이 사람을 스승으로 삼자'고 생각하는 경우도 있을 수 있습니다. 요컨대 그쪽이 나를 알든 모르든 상관없이 '이 사람의 진가를 알고 있는 사람은 나뿐이다'라는 믿음만 있으면 이미 그 사람은 스승이고, 그와 나 사이의 '배움'은 시작됩니다.

'배움의 주체성'이라는 개념을 방금 설명했습니다만 이 말은 학생이 커리큘럼을 결정한다든지, 인기투표로 교장을 뽑는다든지, 수업 중 자유롭게 교실을 드나드는 것을 의미하는 게 아닙니다. (설마 제가 그런 이야기를 하겠습니까?)

학생을 교육의 주체로 삼는다는 것은 그저 제도적인 이야기가 아닙니다. 제가 '배움의 주체성'이라는 주제로 말하고 있는 것은 '인간은 배울 수 있는 것밖에 배울 수 없다. 배우는 것을 욕망하는 것밖에 배울 수 없다'는 자명한 사실입니다.

  당연한 말이죠. 아무리 훌륭한 선생님이 교단에 서서 아무리 고상한 학설을 설파하더라도 학생이 졸고 있으면 '배운다'는 행위는 성립하지 않습니다. 고등학생 앞에서 소크라테스가 그리스어로 철학을 강론한다면 그것이야말로 '소귀에 경 읽기'입니다.

  배움에는 송신하는 자와 수신하는 자, 두 명의 참가자가 필요합니다. 여기서 주인공은 어디까지나 '수신자'입니다. 제자가 선생님이 발신하는 메시지를 '가르침'이라 믿고 수신할 때 비로소 배움은 성립합니다. 극단적이긴 하지만 '배움'으로서 수신된다고 하면 그 메시지가 '하품'이든 '딸꾹질'이든 '거짓말'이든 상관없습니다.

• • •

  '반면교사反面敎師'라는 말이 있습니다. 중국의 문화대혁명 때 나온 말입니다. 반면교사는 '시시한—쓸모없는 선생님'도 혁명적 교훈을 가르칠 수 있다는 것을 의미한다는 점에서 아주 획기적인 표어였습니다.

  당시 고등학생이었던 저는 그 말을 듣고 "아, 그렇구나. 그런 방법이 있구나!" 하고 정말 감탄했습니다. 교사가 시시하고 쓸모없는 경우라 하더라도 "어쩌다 이 교사는 이렇게 쓸모없는 인간이 되어버렸을까?", "이 교사의 어떠한 언행이 '시시한 사람'이라는 평가로 이끄는 것일까?", "이런 인간이 되지 않기 위해서는 어떻게 하면 좋을까?"와 같은 일련의 교육적 물음을 도출할 수 있기 때문입니다.

반면교사론은 학생에게도 교육 현장의 판세를 통제할 수 있는 힘이 있다는 것을 눈뜨게 했다는 점에서 훌륭합니다. 그것은 교육 내용을 어떻게 해석하는가의 권한이 학생 쪽에 있다는 것을 시사한 하나의 가능성이었습니다. 학생 신분일지라도 배운 내용을 저마다 고유한 기준에 따라 해석할 자유가 있다는 것입니다.

그런데 유감스럽게도 문화혁명 시기의 반면교사론은 학생의 '배움의 주체성'을 키우는 데 성공하지 못했습니다. 학생이 교사의 됨됨이(좋은 교사인지 나쁜 교사인지)를 판정하는 기준으로 '마오쩌둥 주석의 방침에 찬성인가 반대인가'라는 한 가지 척도만을 두었기 때문입니다.

이는 '해석'이 아니라 '검열'입니다. '사정査定'과 '검열'은 학생들에게 '유일한 정답'을 습득시키기 위한 타율적인 제도이기 때문에 이로써는 무수한 오해를 통한 학생 한 명 한 명의 유일무이성의 초석을 다질 수가 없습니다. 학생 측에 교육 내용의 '해석권'이 있다는 것을 사유하게 하는 데 작은 공헌을 했지만 '해석의 자유'를 인정하지 않았기 때문에 결과적으로는 '배움의 주체성'을 손상시킨 것 이상도 이하도 아니었습니다.

"인간은 배울 수 있는 것밖에 배울 수 없다." 앞에서 저는 이렇게 말했습니다. 이는 매우 중요한 사실입니다. 우리가 '이 선생님께 이것을 배웠다'고 생각하는 것은 실은 내가 배웠다고 믿고 있는 것이고 선생님은 사실상 그런 것을 가르칠 마음이 전혀 없었을 겁니다.

어쩌면 교육이라는 것은 애당초 그런 것입니다. 학생들은 교단 저편에서 말을 걸어오는 사람의 말을 듣고 있습니다. 그때 학생들이 듣고 있는 것은 모두 다른 말입니다. 말은 똑같지만 받아들이는 사람이 다르기 때문입니다. 물론 주의력, 이해력의 차이로 듣는 내용이 달라질 수도 있습니다. 자고 있는 학생과 눈을 뜨고 있는 학생의 차이처럼 말이죠. 하지만 그뿐만이 아닙니다.

가령, 일본에 사는 한국인 학생은 일본 근대사 수업을 마음 편하게 들을 수 없듯이, 교사가 똑같은 말로 똑같은 정보를 전달해도 한 명 한 명이 받아들이는 것은 모두 다릅니다. 학생들이 동일한 교사에게 똑같은 것을 얻는 일은 불가능합니다. 학생은 자신이 배울 수 있는 것, 배우고 싶다고 바라는 것만 배웁니다. '배우는 자의 주체성'이라는 생각은 여기서부터 출발하지 않으면 안 됩니다.

'배우는 자의 해석의 자유'를 의미하는 배움의 주체성은 동시에 그 한계 때문에 끊임없는 위협을 받게 됩니다.

제자들은 선생님으로부터
결코 똑같은 것을 배울 수 없습니다.
한 사람 한 사람이 자신의 그릇에 맞춰서
각각 다른 것을 배우는 것, 그것이야말로
배움의 창조성, 배움의 주체성입니다.

근원적으로
생각하기

 중국 문화혁명기의 반면교사론이 사람들에게 배움에 대한 사유의 계기를 제대로 주지 못한 이유는 배우는 측의 주체성을 '나는 저 사람보다 이념적으로 옳다'는 맹목적인 믿음 위에 기초 지으려 했기 때문입니다. '자신이 옳다'는 확신을 전제로 한 배움은 성립하지 않습니다. '자기 결점의 보정補正'과 '미숙함의 발견'이라는 작업에서 '나는 옳다'는 전제는 방해가 될 뿐입니다.

 그러면 어떻게 하면 좋을까요? 물론 간단하게 "그건 말이죠…"라고 말할 수 있다면 이런 책을 쓸 필요가 없겠죠. 지금부터는 아주 길고 복잡한 이야기가 될 터이니 여러분 단단히 각오하세요.

• • •

 첫 질문. '배우는 것'과 '이야기를 나누는 것'은 똑같은 것일까요? 아니면 다른 것일까요? 어느 쪽이라고 생각합니까?

"그거야 다르죠."

"어떻게?"

"배우는 것이 선생에게서 학생에게로 정보가 흘러들어가는 것이라면, 이야기를 나누는 것—대화는 대등한 사람들이 자신이 생각하고 있는 것을 상대방에게 말하는 거죠."

음, 정말 그렇게 단언할 수 있는 걸까요?

제가 무슨 심술을 부리는 건 아닙니다. 다만 '무엇이든 근원적으로 생각하자'는 게 저의 지침이라서 이 책도 그 방침에 따라 진행될 테니 조금만 참아주세요.

지금 "자신이 생각하고 있는 것을 상대방에게 말한다"라고 말했죠?

여기에 문제가 있습니다. 여러분은 방금 '자신이 생각하고 있는 것'을 상대방에게 전한다고 했죠? 그렇게 생각한다면 그건 너무 소박하군요. 유감입니다만, 우리 인간은 '자신이 생각하고 있는 것'을 상대방에게 그대로 말하는 것이 불가능합니다. 왜냐하면 상대방이 있기 때문입니다.

우리가 입에 담는 '자신이 생각하고 있는 것'은 상대방에 따라서 달라집니다. 상대방에 따라서 바뀌는 것은 '말투—어법'뿐이고 말하는 내용은 바뀌지 않는다고 반론하는 사람이 있을지 모르겠습니다만, 정말 그럴까요?

예를 들어 '무슨 일이 하고 싶은지' 질문을 받았다고 칩시다. 상대방이 친구일 때와 부모님이나 담임교사일 때의 대답이 언제나 똑같을까요?

설마요. 교사에게는 "예, 대학에 갈 겁니다"라고 대답하지만 친구에게는 "로커가 될 거야!" 하고, 부모에게는 "제발 좀 놔두세요"라고 말할 수 있죠. 이것이 당연하다고 생각합니다. 이는 어느 것이 진짜이고 어느 것이 가짜냐 하는 문제가 아닙니다. 아마도 모두가 진짜 자신이 생각하고 있는 것일 겁니다. 단 생각하고 있는 것을 꺼내는 방식이 다른 거죠. 왜 생각하고 있는 것을 꺼내는 방식이 다른가 하면, 그것은 상대방에 따라 자신에 대한 생각이 다르기 때문입니다.

교사에게 성가신 말을 듣고 싶지 않기 때문에 더는 질문이 나오지 않도록 무난한 대답으로 받아넘깁니다. 친구에게는 "뭐라고? 완전 의외네…" 하고 친구가 놀랄 만한 대답을 합니다. 부모에게는 그런 질문 자체를 귀찮아하는 것을 직설적으로 표명하면서 '그런 쓸데없는 건 다신 묻지 말라'는 메시지를 보냅니다.

확실히 이러한 모든 대답이 "자신이 생각하고 있는 것"입니다. 상대방과의 관계가 변화할 것을 기대하면서 선택한 대답들입니다. 교사에게 한 대답에는 '선생님과의 관계가 가능한 한 복잡해지지 않았으면' 하는 바람이 들어 있다면, 친구에게 한 대답에는 '친구가 나를 좀 존중해줬으면'과 같은 바람이 있을 수 있죠. 부모에게 한 대꾸에는 '부모가 더 이상 내 삶의 방식에 간섭하지 않기를' 바라는 마음이 담겨 있습니다.

  자기 자신에 관한 말은 그것을 듣고 있는 상대방과의 앞으로의 관계를 어느 정도 결정합니다. 그러므로 우리는 늘 상대방에게 어떻게 생각될지를 고려하면서 자신의 의견과 바람, 기억을 말하는 것입니다.

결말이 없는 이야기

기억도 그렇습니다. 옛날 일이라는 것은 벌써 지나가버렸기 때문에 지금에 와서 바꾼다는 것이 불가능하다고 생각할지 모르겠지만 전혀 그렇지 않습니다. 실은 당신이 과거의 사건을 회상할 그때그때마다 당신의 과거는 '개정판'으로 다시 쓰이는 것입니다.

당신에게 친한 친구나 연인이 생겨서 그 사람으로부터 "당신은 어떤 아이였나요?"라고 질문을 받았을 때 당신이 말하는 당신의 어린 시절 이야기 중에는 자신이 처음으로 기억해내는 일화도 포함되어 있을 수 있습니다. 단언하건대 여태껏 그런 일이 있었다는 사실조차 잊고 있었던 에피소드를 문득 생각해내는 경우도 있을 겁니다. 그리고 '본의 아니게 생각해낸 그 일화' 속에는 상대방에게 당신이 어떤 아이였는지를 전하는 결정적인 정보가 포함되어 있기도 합니다.

예를 들면 어릴 때 숨바꼭질을 하다가 친구들이 당신이 있다는 것을 잊어버리고 돌아간 뒤에도 혼자서 계속 숨어 있었던 이야기라든지, 좋아했던 봉제인형이 어느 날 갑자기 싫어져서 망가뜨린 이야기라든지. 뭐든지 좋습니다만 뭐라고 할까요, '결말이 없는' 에피소드랄까요? '그래서 어쨌다는 건데?' 같은.

하지만 '그래서 어쨌다는 건데', '그게 지금 무슨 상관인데?'와 같은 일화가 종종 당신의 인간관계와 생각하는 방식을 결정짓는 경험이 되기도 합니다. '이야기의 결론을 지을 수 없다는 것'은 그 일화가 당신에게 어떤 의미인지를 그때까지 설명하지 못했다는 것을 의미하기 때문에 '결말이 없다'는 점이 중요합니다.

그래서 대개 우리는 다른 사람에게 '결론이 없는 이야기'를 잘 하지 않습니다(하더라도 상대방이 재미없어 하니까요). 하지만 친한 친구 혹은 연인과 같이 친밀한 정도가 다른 누군가를 만났을 때 당신은 본의 아니게 그 '결말이 없는 이야기'를 생각해냅니다(함께 있는 동안 '결말이 없는 이야기'를 계속 떠올리게 만드는 사람을 가리켜 '친한 친구', '연인'이라고 부르는 것입니다).

당신이 그 '결말 없는 이야기'를 생각해낸 것은 이 사람에게 이야기를 하는 동안 자신이 어떤 정체성의 사람인지 알 것 같은 느낌이 들었기 때문입니다. 왜 그 일을 지금까지는 잊고 있었던 것일까. 그 연유를 알 수 없는 과거의 에피소드를 왜 마침 지금에서야 생각해낸 것일까.

그것이야말로 당신이 '어떤 사람'인가를 스스로에게 가르쳐주는 열

쇠인 것입니다. 당신이 그것을 기억해낸 것은 내가 겪은 일을 알아주고 자신의 있는 그대로의 모습을 헤아려줬으면 좋겠다고 생각하는 사람과 만났기 때문입니다.

일이 일어나는 순서를 잘 기억해주세요. 당신이 '나는 어떤 인간인가'를 생각했다는 것은 당신이 정말 어떤 인간인지를 알아줬으면 하는 사람과 만났기 때문입니다. 자신이 '어떤 사람'인지를 잘 알고 있었지만 '누구도 당신은 어떤 사람인가요라고 물어오지 않았기 때문에 말할 기회가 없었다'는 말이 아닙니다. 상대가 없을 때 자신에 대해 생각하는 사람은 없습니다. "아뇨, 나는 혼자서도 나에 대해 생각해요. 늦은 밤, 혼자서 내면을 탐색하는 소설을 쓰고 있어요"라고 말할지도 모르지만, 소설이나 편지, 일기 같은 것도 역시 '상대방'이 있는 글쓰기입니다. 편지를 쓰고 난 후 '휴우' 하고 한숨을 돌리고 나서 편지지를 가지런히 한 다음, 담배 한 모금을 들이키며 눈을 가늘게 뜨고 다시 읽어보지 않나요? 마치 처음 읽는 것처럼 말이죠. 그때의 당신은 '편지의 수취인'(누구인지 모르겠지만)이 되어서 당신에게 받은 편지를 읽고 있는 것입니다. 일기도 그렇고 소설도 똑같습니다. 아무리 혼자서 쓴다고 해도 되풀이해 읽는 한(그 과정이 중간에 있는 한) 거기서 읽는 사람은 쓰는 사람과는 기능적으로 다른 사람임에 틀림없습니다.

"이렇게 쓰는 건 좀 오해를 불러일으킬 수도 있겠다"라든지 "앗 이런 '그러나'를 한 줄에 두 번이나 써버렸군" 같은 식으로 읽고 있다면 당신은 빨간 펜을 한 손에 들고 교정하고 있는 얼굴 모르는 편집자와 똑같습니다.

인간이 자신에 관해서 말할 수 있는 것은 상대방이 있을 때뿐입니다. 그래서 우리는 혼잣말을 할 때조차 제대로 된 문법과 어휘를 사용해서 아름다운 음운으로 인지되는 음을 사용해서 말을 합니다. 우리는 녹음해두고 나중에 누군가에게 들려주려고 할 때 제대로 알아들을 수 있는 방식으로만 혼잣말을 할 수 있습니다.

제 말이 의심스러우면, 아무도 그 의미를 알지 못할 자기만의 혼잣말을 지금 해보세요. 안 되지 않나요?

타아 他我

인간은 상대방이 있다고 상정하지 않으면 아무것도 할 수 없습니다.

"'사람 인人'자는 인간이 서로를 받들고 있는 모습을 형상화한 것이다. 서로 받드는 것이 인간이다"라고 말하는 사람이 있지만 유감스럽게도 그 말은 틀렸습니다. '서로를 지탱하고 있다'는 것도 부정할 수 없는 사실입니다만 '사람 인人'자는 인간이 옆을 쳐다보고 있는 모습을 형상화한 것입니다.

예를 들면 내가 무언가를 보고 있는 상황은 별도의 시점에서 나를 내려다보고 있는 '누군가'를 상정하지 않으면 성립하지 않습니다. 그렇죠? 내가 어떤 집 앞에 서 있다고 가정해봅시다. 계단이 있고 그 뒤에 문이 있고 그 옆에 초인종이 달려 있습니다. 그것이 집의 전면인 것을 어떻게 알 수 있느냐면 옆으로 돌아가면 집의 측면이 있고 좀더 돌아가면 뒷면이 있고, 사다리를 타고 올라가 위에서 내려다보면 지붕이 있음을 알고 있기 때문이죠. 마음먹고 직접 가서 보면 반드시 그 모습이 보일 것이기에 보지 않아도 알고 있는 겁니다.

거기에 직접 갔을 때의 나의 존재를 몇 명이나 상정함으로써 비로소 내가 보고 있는 것은 이 집의 전면이라는 판단이 성립합니다. 하지만 '그럴 마음이 생겨서 거기에 간 나'는 '내'가 아니죠? '어제의 나'와 '내일의 나'가 '내'가 아닌 것처럼. '그때 열심히 공부를 했다면 지금쯤 나는…'이라든지 '지금부터 다이어트를 해서 날씬해진 뒤에 아름답게 변모한 나' 역시 '내'가 아닌 것처럼요.

'지금의 나'는 무수히 많은 '그랬을지도 모르는 나, 앞으로 그럴지도 모르는 나'를 공제한 '잉여'인 것입니다. 그런 무수한 '가능성으로서의 나'를 종횡으로 잇달아 세워 놓고서야 비로소 '지금 여기에 있는 나'가 '어떤 사람'인가를 말할 수 있는 것입니다.

철학에서는 이 '공제된 무수한 나의 분신(?)'을 가리켜 타아他我, other ego라고 부릅니다. '나의 잠재적인 다른 면other side'이죠. 이 타아의 기능은 편지를 쓰고 난 뒤 마치 처음 읽는 것 같은 기분으로 자신의 편지를 읽고 고칠 때의 심정과 같은 것입니다.

우리는 늘 이야기를 할 때 듣는 이에게 내 말이 어떻게 닿을지 신경 씁니다. 저 사람이 누구보다 나를 깊이 알아줬으면 좋겠다, 나를 더 사랑해줬으면 좋겠다, 나에게 경의를 품어줬으면 좋겠다고 생각했기 때문에 당신은 그때까지 자신에게도 숨겨왔던 '내가 누구'인가에 대한 정보를 발견하게 된 것입니다. 내가 누구인지 알고, 그것을 이야기하고 싶은 상대방이 애당초 당신에게 없었다는 얘기가 아닙니다. 우리는 그것을 들어줄 용의가 있는 사람을 만날 때까지 '정말로 말하고 싶은 것'을 말할 수 없다는 것입니다.

우리는 상대방에게서 애정과 이해, 경의를 얻고자 자신의 과거를 말합니다. 미래에 대한 지향을 포함하지 않는 회상은 없습니다. 이는 '타자'가 거기에 실재하지 않는데도 듣는 이로 '상정된 타아'를 두고 혼잣말을 하는 경우에도 전혀 다르지 않습니다.

저 사람이 누구보다 나를 깊이 알아줬으면 좋겠다, 나를 더 사랑해줬으면 좋겠다, 나에게 경의를 품어줬으면 좋겠다고 생각했기 때문에 당신은 그때까지 자신에게도 숨겨왔던 내가 누구인가에 대한 정보를 발견하게 된 것입니다.

미래의 시점에서
말해지는 과거

　앞서 이야기한 것은 사실 자크 라캉이라는 정신분석가의 이론입니다. 이 책에서는 가능하면 어려운 학자의 이론은 다루지 않고 넘어가고 싶었습니다만 절대로 뺄 수 없는 사람의 말은 남겨두겠습니다.

　라캉은 바로 그 절대 뺄 수 없는 사람 중 하나입니다. 물론 원서를 읽지 않으면 알 수 없을 것 같은 어려운 이야기는 하지 않겠습니다. 예비지식이 전혀 없는 여러분도 알 수 있도록 완전히 풀어서 설명해드릴 테니 걱정하지 마시길.

　라캉은 "인간은 전前미래형으로 과거를 회상한다"고 말했습니다. '전前미래형'은 영어로 말하자면 '미래완료형'을 가리킵니다. 미래완료형이라는 것 알고 계시죠. will+have+과거분사, "오늘 저녁 무렵에는 이 일을 마치겠죠"와 같은 문형입니다. 미래의 어느 시점에 완료할 것을 나타내는 시제죠.

우리는 과거를 회상하면서 이야기할 때 그 회상을 마쳤을 시점(지금은 이야기를 하고 있는 도중이기 때문에 그것은 아직 '미래의 어느 시점'이 됩니다)에서 완료될 것이라는 것(즉, 내 이야기를 다 들은 이로부터 이해와 사랑, 경의를 획득할 것이라는)을 목표로 말합니다.

예리하지 않습니까? 저는 처음으로 라캉의 이러한 생각을 읽었을 때 정말 놀랐습니다.

"앗, 그런가? 그렇지!" 하고 갑자기 여러 가지를 이해하게 되었습니다. 여러분은 아직 뭔가 팍 떠오르지 않습니까?

자, 여러분이 어떤 사람을 앞에 두고 과거를 회상하고 있는 장면을 상상해 보세요. "저기 말이야…" 하면서 운을 뗍니다. 그런데 마주한 상대방이 당신이 누구라도 상관없는 사람이라면 어떻습니까? 여러분의 회상에는 에너지가 빠져 있을 겁니다(뜨겁지 않죠). 왜냐하면 그 사람이 당신을 어떻게 생각하든 상관이 없으니까요.

그런 경우에 당신이 상대방에게 들려주는 것은 대개 지금까지 몇 십 번이나 반복해온 '늘 하던 이야기'입니다. 자기 자랑이든 우스운 이야기든 상관없습니다. 어쨌든 일종의 효과가 있다는 것을 경험적으로 알고 있는, 몇 번이나 우려먹은 '완성된 스토리'니까요. 그러한 이야기는 아무리 반복해봤자 스스로에게 아무런 발견도 일어나지 않습니다. 카세트테이프를 돌린 것처럼 똑같은 곡을 무한반복으로 듣고 있는 것과 같기 때문입니다.

회사가 밀집한 거리의 술집에 가면 술에 취해 얼굴이 벌건 회사원들의 85퍼센트 정도가 그런 이야기를 하고 있습니다. 그런 이야기는 듣는 것도 말하는 것도 정말 시간 낭비지만 그 사실을 자각하는 사람은 많지 않습니다.

그와 달리 당신에게 특별한 사람을 앞에 두고 과거를 회상하는 경우는 어떨까요? 이야기의 시작은 '늘 하는 이야기'입니다. 이건 어쩔 수 없습니다. 하지만 이야기의 전개는 미묘하게 달라집니다. 왜냐하면 '언제나 하는 이야기'의 어느 지점에 이르렀을 때 상대방이 재미없어 하면 당신은 생각하기 시작합니다. '앗, 이러면 안 되는데. 이야기가 안 먹히는 것 같네' 하고 일단 수정을 시작합니다. 어투를 바꾸거나 필요 없는 부분을 줄이거나 설명이 부족한 부분을 보충하거나 구체적인 예를 들거나 이런저런 방법을 찾습니다(이러한 노력은 누구라도 상관없는 상대방일 경우에는 생략하게 되죠).

역으로 상대방이 내 이야기의 리듬에 맞춰주면 "아, 이 이야기가 먹히는구나. 그러면…" 하면서 이야기는 점점 더 활기를 띱니다. 그렇게 해서 몇 십 분 이야기를 하고 난 후에 대화가 끝났다고 합시다. 그러면 이 이야기를 말하는 사람은 누구일까요? 당신인가요?

어쩐지 아닌 듯한 느낌이 듭니다. 왜냐하면 말하는 것은 분명히 당신이지만 이야기를 시작하기 전에 "이런 이야기를 하자"라고 예정했던 당신과 이야기를 끝낸 당신은 미묘하게 다른 사람이기 때문입니다. 당신은 상대가 듣고 싶어 한 이야기를 여기저기서 찾다가 어느샌가 해버리고 만 것입니다.

그러면 이 이야기를 이끈 것은 "이런 이야기를 듣고 싶다"라고 기대한 상대방의 바람일까요? 이것도 좀 아닌 것 같습니다. '이 사람이 나한테서 듣고 싶어 한 것은 이런 이야기가 아닐까?' 하고 상상한 것은 당신이기 때문입니다.

즉, 지금까지 당신의 이야기를 이끌어온 것은 처음으로 준비했던 '말하고 싶은 것'도 아니고 상대방의 '이런 이야기를 듣고 싶다'라는 욕망도 아니고(왜냐하면 당신이 타인의 마음속을 알 리가 없기 때문에) 그저 당신이 추측한 상대방의 '욕망'입니다. 다시 말하면 당신이 이야기한 것은 '당신이 이야기하려고 준비한 것'도 아니고 '듣는 사람이 듣고 싶다고 생각한 것'도 아니라 당신이 "이 사람은 이런 이야기를 듣고 싶은 게 아닐까"란 상상으로 만든 이야기인 것입니다.

기묘하게 들릴지도 모르겠습니다만 이야기를 마지막까지 이끈 것은 대화에 참여한 두 당사자 중 그 어느 쪽도 아니고 그렇다고 '합작'도 아닙니다. 거기에 존재하지 않는 무언가입니다. 두 사람이 서로를 진심으로 바라보고 상대방을 배려하면서 대화를 하고 있을 때 거기서 말을 하고 있는 것은 둘 중 누구도 아닌 그 누군가입니다.

진정한 대화에서 말하고 있는 것은 제삼자인 것입니다. 대화할 때 제삼자가 말하기 시작하는 순간이 바로 대화가 가장 뜨거울 때입니다.

말할 생각도 없던 이야기들이 끝없이 분출되는 듯한, 내 것이 아닌 것 같으면서도 처음부터 형태를 갖춘 '내 생각' 같은 미묘한 맛을 풍기는 말이 그 순간에는 넘쳐 나옵니다. 그런 말이 불쑥불쑥 튀어나올 때 우리는 '자신이 정말로 말하고 싶은 것을 말하고 있다'는 느낌이 듭니다.

두 사람이 서로를 진심으로 바라보고
상대방을 배려하면서 대화를 할 때
이야기를 마지막까지 이끈 것은
대화에 참여한 두 당사자가 아닙니다.
거기에 존재하지 않는 무언가입니다.

무라카미 하루키와 장어

이런 일은 자주 있습니다. 불가사의한 게 아니라 원래부터 그런 것입니다. 시인이 '뮤즈'라고 부르거나 소크라테스가 '다이모니온'이라고 부르거나 소설가와 만화가가 "등장인물이 제멋대로 움직이기 시작해서…"라고 말하는 것은 모두 이런 경험을 가리킵니다.

이것에 관해서는 작가의 증언을 직접 들어보는 것이 빠를지도 모릅니다. 무라카미 하루키에게 부탁해서 이야기를 들어보기로 하죠.

시바타 소설을 쓴다는 것은 어떤 경험일까요?

하루키 저는 언제나 소설이라는 것은 삼자 협의가 되지 않으면 안 된다고 주장합니다.

시바타 삼자 협의?

하루키 네, 삼자 협의. 저는 '장어설'이라는 것을 갖고 있습니다. '나'라는 글쓴이가 있고 독자가 있죠. 하지만 그 두 사람만으로는 소설이 성립하지 않습니다. 거기에는 장어가 필요합니다. 이를테면 우렁각시 같은 것 말이죠.

시바타 ?

하루키 굳이 장어가 아니어도 상관없습니다(웃음). 제 경우는 그냥 우연히 장어입니다. 무엇이든 상관없는데 장어를 좋아하니까. 그래서 저는 저 자신과 독자와의 관계에 장어를 적절하게 불러옵니다. 저와 장어, 독자 세 사람이 무릎을 맞대고 여러 가지 이야기를 하는 셈이죠. 그렇게 하면 소설이라는 것이 제대로 완성됩니다.

그런 것이 필요하지만 이러한 발상이 지금까지의 기성 소설에서는 별로 없었다는 느낌이 듭니다. 모두 독자와 작가로 이뤄졌을 뿐이고 어떤 경우에는 비평가가 껴 있을지도 모르지만, 그 상태로 대화가 진행되어서 의견이 좁혀지면 '문학'이 탄생하는 거죠.

그런데 세 명이 있으면, 두 사람이 잘 모를 때 "자, 그럼 장어에게 물어볼까"가 되는 겁니다. 그러면 장어가 대답을 해주는데, 그 덕분에 쓸데없이 의문이 더 깊어지기도 합니다. 그런 기분으로 소설을 쓰지 않으면 소설을 쓴다고 해도 재미가 없습니다(웃음).

• • •

소설을 쓸 때 하루키는 종종 '장어'를 불러낸다고 합니다. 향신료가 아주 듬뿍 들어간 비유라고 생각하지 않습니까? '장어'는 일본인이 가장 좋아하는 음식입니다. 일본인에게 임종을 맞이할 때 마지막으로 먹고 싶은 음식이 뭐냐고 물으면 가장 많이 대답하는 게 '장어 덮밥'입니다. 확실히 임종을 앞두고 카레나 라면을 먹고 싶은 사람은 별로 없을 것 같습니다.

그럼에도 장어는 아직도 그 생태가 전혀 알려져 있지 않은 '신비의 물고기'입니다. 강과 늪에 우글우글 살고 있지만 산란하는 장소는 태평양의 심해로 정확히 어디인지는 아직 알려지지 않았습니다(한 가설에 의하면 해구海溝 밑바닥에 '퀸 에이리언' 같은 거대 '퀸 장어'가 일본인이 먹는 모든 장어를 풍풍 산란한다고 합니다. 정말일까요?).

어쨌든 무라카미 하루키의 창작에서 결정적인 역할을 하고 있는 것이 '일본인들이 제일 좋아함에도 불구하고 어떻게 태어나는지를 알 수 없는' 장어라는 점은 의미심장합니다.

저는 저 자신과 독자와의 관계에 장어를 적절하게 불러옵니다. 저와 장어, 독자 세 사람이 무릎을 맞대고 여러 가지 이야기를 하는 셈이죠. 그렇게 하면 소설이라는 것이 제대로 완성됩니다.

원인과 결과

이야기를 다시 앞으로 돌려봅시다.

'배움'과 '이야기 나누기―대화'는 다른 것인가? 이 지점에서 옆길로 빠졌죠. 지금까지의 이야기를 들은 후 여러분의 생각이 조금은 바뀌지 않았나요? 어쩐지 머리가 빙그르르 회전하는 느낌이 들지 않았나요? 일단 "이 책을 읽기 전보다 머리가 혼란스러워졌다"는 느낌이 들면 그것으로 충분합니다. 아직 갈 길이 멀거든요.

그러면 '대화'라는 것에 대해 근원적으로 접근해보죠. 지금까지 봐온 대로 '대화'라는 것은 여러분이 생각했던 만큼 간단한 것이 아닙니다. 어쨌든 거기에는 대화하는 두 사람 외에 '장어'도 참여하고 있으니까요.

대화라는 것은 두 명의 당사자가 자신이 갖고 있는 정보를 각각 꺼내서 그것과 등가의 정보를 교환하는 것이 아닙니다. 어쩌면 여러분은 지금까지 그렇게 생각하고 있었는지도 모르겠습니다. 마치 패스트푸드점에서 돈만 내면 햄버거를 얻는 것처럼 말이죠. 당신은 돈을 갖고 있고, 상대방은 햄버거가 있고, 서로 갖고 있는 것을 교환하는 그런 합리적인 시스템을 대화라 생각하지 않았습니까?

그런데 그게 그렇지 않습니다. 왜냐하면 상대방은 대화가 끝날 때까지 당신이 무엇을 말하는지 모르고, 또 반대로 상대의 이야기가 끝날 때까지는 그가 무엇을 말하는지 당신은 모르기 때문이죠. 어느 쪽도 이야기를 시작할 때에는 상대방이 무엇을 말하는지 모릅니다. 그럼에도 불구하고, 아니 그렇기 때문에 우리는 대화합니다.

이것은 패스트푸드점과는 사정이 꽤 다릅니다. 앞에서 밝힌 것처럼 뜨거운 대화의 끝에서 우리는 '정말로 말하고 싶었던 것'을 말한 느낌이 듭니다. 그와 똑같은 반응이 상대방한테도 일어납니다. 듣고 있는 쪽도 '아, 내가 이런 것을 듣고 싶었나 보다'라고 생각하는 거죠.

이야기하는 쪽의 성취감이 그대로 듣는 이에게 전염되는 겁니다. 여러분도 그런 경험이 있으시죠? 성취감과 만족감이라는 것은 아주 따뜻하고 깊은 감정입니다. 그래서 그런 감정은 주위 사람에게도 서서히, 하지만 확실하게 전해집니다(그 반대로 불만족스러움과 허전한 기운 역시 서서히, 하지만 확실하게 전해집니다).

더구나 그 사람이 만족감을 느낀 것은 다름이 아니라 당신 덕분입니다(왜냐하면 당신이 진지하게 귀 기울여준 덕분에 말하는 이는 자신이 정말로 말하고 싶었던 것을 발견할 수 있기 때문이죠). 그 기쁨이 당신에게도 바로 전해져오는 것은 당연한 일입니다.

당신이 어떤 사람의 이야기를 들었습니다. 열의에 가득찬 아주 긴 이야기였습니다. 그 이야기를 듣고 당신은 왠지 기분이 좋아졌습니다. 왜 그럴까요?

"예전부터 듣고 싶던 이야기니까."

그렇죠. 지금 막 들은 이야기를 예전부터 쭉 듣고 싶다고 생각한 이야기라고 생각하는 일은 자주 있습니다. 첫눈에 반하는 것이 그렇죠. 첫눈에 반한다는 것은 지금 방금 만난 사람을 예전부터 만나고 싶었던 사람이라고 믿어버리는 겁니다. 이 사람과는 언젠가 만날 줄 알고 있었다는 희한한 데자뷔를 느끼는 거죠.

기분 좋은 대화에서도 이와 똑같은 느낌을 경험하게 됩니다.

기분 좋은 대화에서 말하는 측은 말할 생각이 없었지만 정말 말하고 싶었던 것을 말했다는 성취감을 느낍니다. 또 듣는 이는 들을 생각이 없었지만 전부터 듣고 싶었던 이야기를 들었다는 만족감을 느낍니다. 말을 바꾸면 당사자 각자가 자신의 욕망을 자각하는 순간을 경험하게 되는 겁니다. 그리고 그 경험이 대화의 본질입니다.

이상한 이야기입니다. 상식적으로 생각하면 순서가 뒤바뀐 것 같죠. 여기서 여러분에게 한 가지 중요한 사실을 가르쳐 드리겠습니다. 사람들은 정말로 중요한 것에 대해서는 거의 대부분 원인과 결과를 뒤바꿔서 알고 있다는 것입니다.

  이 전형적인 사례가 바로 '커뮤니케이션'입니다. 우리에게 깊은 성취감을 가져다주는 '대화'라는 것은 '말하고 싶은 것'과 '듣고 싶은 것'이 먼저 있고, 그것이 두 사람 사이를 왔다갔다하는 것이 아닙니다. 그게 아니라 말이 왔다갔다하고 나서야 비로소 두 사람이 '말하고 싶었던 것'과 '듣고 싶었던 것'을 알게 되는 겁니다.

  이것은 인류가 커뮤니케이션을 시작한 이후로 쭉 그래왔습니다. 지금부터 그 이야기를 할까 합니다. 이것도 꽤 긴 이야기입니다. 화장실에 가고 싶은 분, 커피를 마시고 싶은 분도 있는 것 같으니 조금 쉬었다 할까요?

침묵교역

자, 그러면 이야기를 계속 이어가도록 하겠습니다.

'침묵교역'이라고 아시는지요? 침묵교역은 언어도 통하지 않고 문화와 사회조직도 다른 부족이 저마다의 특산품을 말없이 교환하는 풍습을 가리킵니다. 예를 들면 두 부족 어느 쪽에도 속하지 않는 중간지대에 바위나 그루터기같이 눈에 띄는 장소가 있다고 칩시다. 거기에 A부족 사람이 그들이 생산한 특산품을 두고 옵니다. 그리고 그가 가고 난 뒤 교역 상대인 B부족 사람이 와서 그 물건을 가지고 돌아가면서 대신 자신들의 특산품을 거기에 두고 가는 식으로 이뤄지는 교역을 가리켜 '침묵교역'이라고 합니다.

이것이 아마도 교환이라는 것의 기원이 아닐까 생각합니다. 어떤 점에서 '기원'으로 보는가 하면 언어도 통하지 않고 문화와 사회조직도 다른 사람들 사이에서 특산품을 주고받았다는 점 때문입니다. 언어도 사회조직도 다른 집단이라는 것은 가치관이 다른 집단을 가리키죠. 혹은 물건의 가치를 측정할 때 사용하는 단위를 공유하지 않는 집단이라고 바꿔 말해도 좋겠습니다. 그러한 집단이 특산품을 서로 교환하는 것입니다. '특산품'이라는 것도 중요한 조건이지요.

양쪽 부족 모두 소유하고 있고 그 사용가치를 알고 있는 물품을 교환하는 것이 아닙니다. 여러분도 여행 중 선물 가게에서 본 적이 있겠지만 특산품이라는 것은 종종 어디에 사용하는지 모를 물건들입니다. 나무공인 줄 알았는데 알고 보니 삶아서 먹는 것이라든지 반대로 먹는 것이라고 생각했는데 알고 보니 입욕제인 경우가 있죠.

'특산품'이라는 것은 본래 그 집단 이외의 사람들은 사용가치를 잘 모르는 것입니다. 몇 번이나 똑같은 물건을 받다보면 '아, 이것은 이렇게 사용하는 건가' 하고 누군가 먼저 깨닫게 되겠지만 적어도 교역이 처음 이뤄질 때는 그 가치를 알 수 없는 노릇입니다.

매사를 근원적으로 생각할 때의 포인트는 이것입니다. '처음의 처음은 어땠을까' 그 제도의 '기원'으로 돌아가는 것입니다. 침묵교역이 처음 이뤄졌을 때 사람들은 어떠한 가치가 있는지도 모르는 물건을 교환했습니다. 이것이 이 이야기의 핵심입니다.

사회 교과서에는 '산에 사는 사람은 해산물을, 바닷가에 사는 사람은 산나물을 필요로 해서 서로 특산물을 교환했는데 이것이 교역의 시작입니다'라는 식의 기술이 있습니다만 이런 서술을 쉽게 믿어서는 안 됩니다. '산에 사는 사람은 단백질이 부족하고 바다에 있는 사람은 섬유질이 부족했기 때문에 특산물을 교환했다' 같은 영양학적 설명은 후대 사람의 '늦된 지혜'입니다. 생선을 생전 먹어본 적 없는 사람이 '생선을 먹지 못해 부족한 단백질을 보충하지 않으면 안 된다'와 같은 생각을 할 리가 없습니다.

어떤 가치가 있는지 모르는 것을 교환하는 것이 침묵교역(말을 바꾸면 기원적 형태에서의 교환)의 본질이 아닐까 생각합니다. 약 5만 년 전, 처음 침묵교역을 시작한 크로마뇽인들은 '교환'을 하고 싶었을 뿐입니다. 그래서 교환하는 것이 무엇이든지 상관없었던 거지요.

나아가 어쩌면 교환 상대에게 가능한 한 '뭔지 잘 모르는 것'을 골라 교환의 장에 남겨두지 않았을까 추측해봅니다. 왜냐하면 교환 상대가 그 가치를 잘 알고 있거나 이미 소유하고 있는 것이라면 "뭐야 고작 이거야?"가 돼버려 단 한 번의 교역으로 끝날 가능성이 높기 때문이죠.

내가 만약 5만 년 전의 역사상 최초의 침묵교역 당사자라면, 무조건 '그것이 무엇인지 상대방에게 간파되지 않는 것'을 선택해서 교환할 겁니다. 아마 상대방도 지지 않고 '무엇인지 모르는 것'을 두고 가겠지요. 그리고 양쪽 모두 생각할 겁니다. '이게 뭐지?'

당연히 저쪽에서도 상대방이 두고 간 특산품을 둘러싸고 이쪽과 똑같은 생각을 할 겁니다. "왜 저 녀석들은 이딴 것을 재화로 여기는 걸까? 아무리 생각해도 잘 모르겠군." 이렇게 되면 "자, 그럼 다음엔 뭘 가지고 가볼까?"가 되겠죠.

즉, 침묵교역에서는 가치 있는 것을 받았기에 거기에 응대하는 등가물을 골라 다시 보낼 수 없습니다. 가치를 짐작할 수 없는 물건이 왔기 때문에 곤란한 것이죠. 그러나 이런 곤란한 상황을 타개하기 위해서는 지속적인 교역을 통해 저쪽에서 가져오는 '상품'의 가치가 어떤 기준으로 설정되어 있는지 해명하는 수밖에 없는 겁니다.

당연한 겁니다. 우리는 상대방이 보내온 것의 가치를 잘 알 때 그 사람과 거래할 의욕이 감퇴해버리기 때문입니다. 예를 들면 우리가 가장 그 가치와 의미를 잘 아는 것은 '자신이 지금 하고 있는 말'이죠.

아이들이 상대의 화를 돋우려고 상대방의 말을 그대로 따라하는 것을 자주 볼 수 있습니다.

"시끄러워."

"시끄러워."

"따라하지 마."

"따라하지 마."

"야, 자꾸 장난치면 한 방 때려준다."

"야, 자꾸 장난치면 한 방 때려준다."(여기선 손이 같이 나가기 마련이죠.)

즉, 그 가치를 완전히 아는 것을 교환한다는 것은 '교환을 거절하겠다'는 의사표시인 셈입니다. 완전한 등가교환이라는 것은 교환의 무의미성, 혹은 교환의 거절을 의미합니다. 즉, 이 말은 '뭔가 등가 같은 느껌인데 어찌 보면 부등가 같기도 하고… 아, 잘 모르겠군' 바로 이 상태가 교환을 계속하기 위한 최적의 상태라는 것이죠.

실은 시장에서 상품의 가치라는 것은 '가치를 잘 모르겠다'라는 조건에 상당 부분을 의존하고 있습니다. 그래서 '왜 이렇게 높은 가치를 매기지?' 싶은 상품은 일종의 '마술성'을 띠는 것입니다.

4억 5천만 원짜리 롤렉스 시계는 '도대체 왜 이다지도 비싼 거야?'라고 생각하게 만드는 가격이죠. 기능으로만 보자면 10만 원짜리 시계도 시간을 재는 구실은 흠잡을 데 없는데 말이죠. 자, 그럼 나머지 4억 몇 천만 원은 어떤 가치일까요? 잘 모르는 거죠. 롤렉스 회사도 그 가격에 이르게 된 근거를 절대로 공개하지 않습니다. 만약 '숙련된 장인이 이러이러한 고가의 재료로 만들어서 이러한 고도의 기능을 갖췄고, 충실한 애프터서비스를 보장해 드립니다' 따위를 고객에게 밝힌다면 고객이 어떻게 생각할까요?

'이렇게 공이 많이 들어간 것이었구나. 역시 롤렉스군. 이 정도라면 4억 5천만 원도 아깝지 않아.' 과연 이렇게 생각할까요? 아마도 모든 걸 공개하게 되면 아무도 더는 롤렉스 시계를 사지 않을 겁니다. 왜냐하면 '비싸지 않으니까'요.

여러분이 롤렉스 시계를 구입하는 것은 왜 그렇게 비싼지 알 수 없는 것을 소유함으로써 주위 사람들이 "우와! 엄청 비싼 롤렉스 시계구나, 대단해" 하고 말해주길 기대하기 때문입니다. "아, 합리적인 가격의 롤렉스 시계군요. 현명한 쇼핑을 하셨네요"라는 말은 들어본들 기쁘지 않기 때문입니다.

몇 년 전에 유니클로의 프리즈frieze(두툼하고 길이가 고르지 않은 보풀이 선 외투용 모직물)가 2천만 장이나 팔린 적이 있습니다. 이런 일이 왜 일어났다고 생각하십니까? 이해할 수 없는 가격 때문이죠. 너무 싸서. 아무리 생각해도 이 돈으로 사지 못할 상품을 살 수 있게 된 거죠. 소비자는 '왜 이런 물건이…' 하고 생각합니다. 그렇게 되면 다음은 침묵 교역의 원리와 똑같습니다. "계속 교역을 해서 저쪽에서 가져오는 상품의 가치가 어떤 기준에서 설정되는지 밝히는 수밖에 없다"라는 결론에 이르게 됩니다. 그리고 매일 홀린 듯이 근처 유니클로 매장에 가서 뭔가를 구입하게 되는 거죠. 교역이라는 것은 그런 것입니다.

여러분은 아직 젊으니까 비즈니스 경험이 없을 테지만 이 기회에 잘 배워두세요(나는 실은 옛날에 친구와 회사를 경영한 적이 있습니다. 학자가 되기 전에 은퇴를 했지만 말입니다). 경험에서 말씀드리자면 비즈니스라는 것은 양질의 상품을 명쾌하고 적정하게 가격을 설정해 시장에 내다 판다고 반드시 성공하는 것은 아니라는 겁니다. 물론 처음에는 잘 팔릴지도 모르지만 반복해서 같은 계열의 상품이 계속 팔리는 일은 일어나지 않습니다. 교역이 계속되기 위해서는 이 대가로 이 상품을 구입한 것에 대한 석연치 않음이 남아 있을 필요가 있는 겁니다. 클라이언트를 계속 붙들어 매어 두기 위해서는 '좋은 물건을 계속 싸게'만으로는 안 됩니다. 다시 한 번 그 장소에 가서 교환을 하고 싶은 소비자의 욕망에 불을 붙이는 가격 설정, 그리고 신비주의 마케팅이 필수입니다.

상식적으로 생각하면, 얼굴을 확인할 수 있고 말을 이해할 수 있으며 가치관을 공유할 수 있는 상대와 그 의미와 가치가 숙지된 재화를 교환하는 것이 '교역'입니다.

그러나 실제 이야기는 정반대로 풀립니다. 여기서도 우리들은 원인과 결과를 뒤바꿔서 생각해야 합니다. 모습이 보이지 않고 말도 통하지 않고 가치관이 다른 인간(그래서 잘 모르는 상대방)과도 소통했다는 성취감이 교역을 재촉한 '최초의 일격'입니다. 그렇게 맛본 쾌감을 쫓아서 이제는 뭐라도 좋으니까 마구 교환하려 하게 되고, 그 결과로 재화로서의 사용가치를 알고 있는 것도 교환되게 되었다는 게 이야기의 전개 순서가 아닌가 생각합니다.

5만 년 전의 크로마뇽인들은 모르는 부족이 보내 온 그 의미도 가치도 '잘 모르는 것'을 둘러싸고 이건가 저건가, 이것도 저것도 아닌 것 같다고 떠들썩하게 이야기를 나누는 그 자체가 즐거워서 교환을 한 것입니다. 상상해보세요. 교환은 유용한 재화가 손에 들어오기 때문이 아니라 교환 활동 그 자체가 흐뭇하고 기쁘기 때문에 하는 것입니다. 아주 유쾌했겠죠. 이것이 제 생각입니다.

어떤 가치가 있는지 모르는 것을
교환하는 것이 침묵교역의 본질입니다.
약 오만 년 전에 처음 침묵교역을
시작한 크로마뇽인들은
그저 교환을 하고 싶었을 뿐입니다.
교환하는 것이 무엇이든지 상관 없었던 거지요.

교환과
축구

 그래서 세상에서 말하는 '경제적 가치'는 교역이 끝난 뒤에 사후적으로 발생하는 것이라고 생각합니다. 왜냐하면 지금까지 말씀드린 것처럼 처음에 교환의 장에 출품된 것은 뭔지 잘 모르는 것이었고, 그 '잘 모름'이 소비 욕망을 부추겨서 '경제적 가치'가 생겨났습니다. 경제적 가치는 일종의 교환을 재촉하는 힘과 같은 것이니까요.

 그렇지 않나요. 손에 있으면 다른 사람이 갖고 있는 또 다른 무언가와 가능한 한 빨리 교환하고 싶은 생각이 드는 것, 그것이 경제적 가치가 있는 것입니다. 손에 있어도 그다지 교환할 마음이 생기지 않는 것이라면 경제적 가치가 없는 겁니다. 다시 말해 우리는 경제적 가치가 있기 때문에 교환의 장에 내놓는 것이 아니라 '교환의 장에 빨리 내어놓지 않으면…'이라고 생각하게 되는 것에 경제적 가치를 느낍니다.

 가장 알기 쉬운 예가 화폐입니다. 화폐라는 것은 마르크스에 의하면 궁극의 상품입니다.

　몰랐습니까? 화폐는 상품입니다. 보통, 상품은 상품(햄버거라든지 컴퓨터라든지)이고 돈은 돈이라고, 화폐와 상품은 다른 것이라고 생각하지만 그렇지 않습니다. 화폐는 상품입니다. 그래서 돈으로 물건을 사는 것은 물물교환입니다. 마르크스의 『자본론』은 '화폐는 상품이다'로 시작하는 책입니다.

　그러면 상품으로서 화폐의 성격은 무엇일까요? 도대체 화폐에는 어떤 '경제적 가치'가 있는 걸까요? 옛날에는 노예라든지 분홍 조개라든지 금화라든지, 그것 자체로 사용가치가 있는 것이 화폐였지만 어느 때 똑똑한 사람이 '아, 화폐는 무엇이 되든지 상관없다'라는 것을 자각해서 지폐가 만들어지고 신용카드로 대체되었다가 결국에는 전자 화폐까지 쓰이게 되었습니다(인터넷 뱅킹에서는 키보드를 두드려 상품 대금을 송금합니다). 지폐도 쓰일 데가 없지만(메모도 못하고 코도 못 풉니다) 2진법으로 코드화된 전자 화폐 같은 것은 그 자체로 사용가치가 제로입니다. 사용가치가 제로인 상품, 그것이 화폐입니다.

　사용가치가 제로인 화폐라는 상품의 성격은 무엇일까요? 간단합니다. '사용가치가 제로임에도 불구하고 상품이다'라는 사실입니다. 왜 그런 사실이 화폐의 상품가치를 구성할 수 있는 걸까요? 이것은 조금만 생각하면 금방 알 수 있습니다. 여러분이 지금 '사용가치가 제로임에도 불구하고 상품인 것'을 손에 많이 가지고 있다고 하면 어떨까요?

간단합니다. 화폐는 그것 이외의 사용처가 없기 때문에 누군가 다른 사람이 갖고 있는 화폐 이외의 무언가와 교환하는 것밖에 없겠죠. 책상 서랍 안에 10원짜리 동전이 굴러다니고 있어도 그것을 곧바로 뭔가와 교환하지 않으면 안 된다는 절박감을 느끼는 경우는 없습니다. 하지만 우연히 복권에 당첨되어 1억 원을 손에 쥐게 되면 다르죠. 1억 원만 있으면 '저것도 살 수 있고 이것도 가능하고…'라고 두근두근해져서는 공부 같은 건 안중에도 없게 됩니다.

10원짜리 동전과 1억 원 지폐 다발의 차이는 요컨대 그런 것입니다. 화폐를 뭔가 다른 것과 교환하지 않으면 안 된다는 절박감이 1억 원의 경우는 10원의 1천만 배에 이른다는 것, 단지 그뿐입니다.

'뭔가 다른 것과 교환하고 싶어서 견딜 수 없다'는 마음을 항진시키는 힘, 그것을 우리는 '경제적 가치'라고 부릅니다. 어떻게 그렇게 되는가 하면 (앞에서 말씀드린 대로) '누군가'와 '무엇인가'를 교환하는 것이 인간에게 그칠 줄 모르는 쾌락을 가져다주기 때문입니다. 그것이 왜 쾌락인지 우리는 모릅니다.

네안데르탈인까지는 교환을 하지 않았기 때문에 교환을 하는 과정에서 쾌락을 발견한 것은 크로마뇽인이라고 알려져 있습니다. 이의 근거는 네안데르탈인의 유적에서 찾을 수 있습니다. 그 유적지에서는 그들의 주거 근처에 있는 것밖에 발견되지 않습니다. 하지만 해안에서 몇천 킬로미터 떨어진 크로마뇽인의 유적지에서는 조개껍데기와 산호가 발견됩니다. 그들이 바다까지 조개껍데기를 주우러 갔다 온 것은 아닙니다. 이웃집단과 교환을 한 겁니다. 그 집단은 또 다른 이웃집단과 무엇인가를 교환해서 손에 넣은 것이죠. 아마도 그런 식으로 단기간 동안 침묵교역에 의해 어떤 '상품'이 몇 천 킬로미터나 이동한 셈입니다. 그런 과정에서 가장 빨리 교환되며 이동한 것은 내륙 사람들은 본 적도 없고 만진 적도 없는 것(분홍 조개껍데기)이었습니다.

그럼 왜 그런 것이 가장 빨리 이동할까요? 이유는 아시겠죠. 맞습니다. '그것이 무엇을 의미하는지 모르는 것'이기 때문입니다. 무엇인지 잘 모르는 것을 손에 넣으면 두근두근하지 않겠어요? 그리고 그 다음에는 무엇을 할까요?

"우리는 이것이 뭔지 잘 몰랐다. 그렇다면 저 녀석들도 이게 뭔지 절대로 모를 거야. 좋아, 다음 교역에는 이걸 내놓기로 하자. 그러면 틀림없이 머리를 싸매고… 흐흐흐" 식이겠죠. 그래서 '뭔지 잘 모르는 것'이 침묵교역을 매개로 한 교역에서는 가장 빨리 교환되었습니다.

・・・

축구도 교역이라는 점에서 위와 같습니다. 공 그 자체에는 별 가치가 없지만 축구공은 축구 게임에서 화폐와 똑같은 역할을 합니다. 아마도 종교의례가 기원일 것입니다. 공 대신 짐승의 머리라든지 두개골 같은 그런 주술적인 도구를 사용했을 것 같습니다. 그러던 중 특별히 어떤 것을 주고받든 이 게임의 즐거움은 조금도 변하지 않는다는 것을 깨닫게 됩니다. 공에 필요한 기능은 단지 '빠르게 이동하는 능력'뿐이라는 것을.

공을 소유하고 있으면 그 자체로는 아무런 가치가 없습니다. 공은 플레이할 때 가치 있는 것이죠. 패스를 주고받으며 운동 상태에 있는 동안에만 그 가치가 있습니다. 운동이 정지되었을 때(라인을 밟았을 때와 골인이 되었을 때, 게임이 끝났을 때)의 공은 무가치한 것이 됩니다. 그리고 모든 선수들은 자기 진영의 골대가 아닌 상대방의 골대에 공을 보내는 것에 노력을 집중하도록 되어 있습니다.

희한하다고 생각하지 않습니까? 만약 공 그 자체에 가치가 있다고 한다면 득점은 '자기 진영에 넣을' 때마다 가점돼야겠죠. 하지만 그렇지 않습니다. 왜일까요?

이쯤에서 자기 골대에 공을 넣어야 득점하는 축구를 상상해봅시다. 이 '가짜 축구'에서 골키퍼가 하는 일은 자기 진영의 골대에 공을 계속 집어넣는 것입니다. 미드필더 역할은 어쨌든 자기 편 골대 가까이에 공을 모으는 것이지요. 상대편 공격수는 그것을 방해하지만 골키퍼가 공에 손을 대면 그때마다 득점을 올릴 수 있다고 합시다.

이런 규칙이라면 아주 스릴 넘치는 게임일 것 같지만 실제로는 전혀 재미없게 됩니다. 믿어지지 않으면 실제로 '가짜 축구'를 해보세요. 아마도 시작한 지 5분 만에 지루해질 겁니다.

왜냐하면 그런 규칙이라면 누구도 패스를 하지 않게 되기 때문입니다. 먼저 공을 손에 넣은 팀은 골대 앞에서 인간 벽을 만들어 상대편의 접근을 막고, 그 벽 안에서 미드필더와 골키퍼가 서로 공을 차고 받으며 "예 1점, 예 2점!" 하며 무의미한 득점만 올리게 될 겁니다. 얼마나 재미없는 게임일까요? 주고받는 물건에는 아무 가치가 없고 주고받는 행위 그 자체에 유쾌함이 있기에 축구는 현대 교역의 원초적인 형태를 전하는 게임이라고 생각합니다.

대항해시대와
아마존닷컴

르네상스 무렵에 '대항해시대'라는 시기가 있었던 것을 기억하나요?(아니 이야기가 점점 일탈을 거듭하고 있네요. 하지만 안심하세요. '스승' 이야기에 무사히 착지할 테니까요.)

유럽 사람들은 항해용 지도도 없던 시대에 범선을 만들어서 신대륙과 '황금나라 Zipangu'(동방견문록에 나오는 일본의 옛 이름)를 찾아서 교역권을 계속 넓혀갔습니다. 세계사 교과서에는 아마도 '크리스트 교도들이 금과 은, 소금, 상아, 노비 등 이슬람 무역권의 특산품을 손에 넣기 위해 항해를 추진했다'는 식의 시장경제에 기초한 설명이 나와 있을 겁니다.

그런데 정말로 그런 것일까요? 항해용 지도도 없는 시대에 그런 허술한 범선으로 목적지도 알 수 없는 항해에 나선다는 것은 목숨을 거는 일입니다. 단순히 '더 많은 돈이 필요하다'는 공리적인 동기로 그런 일을 할 수 있을까요? 저는 그렇게 생각하지 않습니다. 인간들이 교역을 하게 만든 가장 강한 동기는 상품과 화폐의 가치·유용성이 아니라 '교환에 대한 욕망' 그 자체입니다.

대항해시대는 그런 욕망이 기세 좋게 뻗어가던 시기였습니다. 유럽 안에서 몇 세기 동안 장사를 하다 보니 말 안 통하는 곳이 없고, 누구와 뭘 교환하고 있는지 분명해져서 교환 상품의 가치와 그 의미도 모두 알게 되었습니다. 그러면 재미가 없어지는 거죠. 유럽 사람들도 크로마뇽인의 후예니까요.

교환의 기원적 형태를 다시 한 번 경험해보고 싶어진 것입니다. 침묵교역이 그리워진 거죠. 말도 통하지 않는 이와 어떤 가치가 있는지 모르는 '특산품'을 주고받는 그 교환의 기원으로 다시 한 번 돌아가 보고 싶어졌다! 저는 그것 때문에 아프리카와 아메리카, 오세아니아와 아시아로 계속 멀리 나아가게 되었다고 생각합니다. 기쁘게도 그곳에 가니까 말이 통하지 않는 상대방이 있고 이쪽이 유럽의 특산품을 놓아두니까 저쪽에서도 '뭔지 알 수 없는 것'을 대신 놓아둡니다. 네덜란드인이 비즈 구슬을 주니까 인디언은 "자, 이걸 줄게" 하며 맨해튼 섬을 줍니다. 이는 네덜란드인 입장에선 웃음이 멈추질 않을 유쾌한 일일 겁니다. 그런 식으로 유럽인에 의해서 '신세계'가 구석구석까지 식민지화되어 가는데, 항해의 근본적인 동기는 식민지를 늘리고 싶다거나 상아와 설탕, 후추가 필요하다와 같은 공리적인 것만으로는 설명할 수 없는 게 아닐까 싶습니다.

르네상스 대항해시대는 '인간 재발견의 시대'라고들 말합니다. 왜냐하면 아마도 이 시기에 유럽 사람들은 오래간만에(몇 만 년 만에) '인간이란 무엇인가?'라는 근원적인 물음에 부딪히게 되었기 때문입니다. 어디서부터, 언제부터 그리고 무엇을 계기로 우리는 인간이 되었는가를 질문하면서 아마도 네안데르탈인에서 크로마뇽인으로 진화하는 그 단계에 인간은 무엇인가를 교환하기 시작했을 거라는, 그 근본적 차이를 생각해낸 것일 겁니다.

'왜 하필 이 시기에?'라고 묻는다면 '르네상스론'을 한 권 써야 하기에 이 이야기는 여기서 그만두기로 하겠습니다. 하지만 이것은 특별히 15~17세기의 유럽에 한정된 이야기가 아닙니다. 우리는 기회만 있으면 교환의 원초적인 형태인 침묵교역으로 돌아가고 싶어합니다.

인터넷으로 물건을 사는 인터넷 쇼핑과 홈쇼핑, 통신판매는 침묵교역의 새로운 버전이 아닐까요? 저도 아마존닷컴에서 책이나 DVD를 사거나 판매 카탈로그에서 메디컬 베개를 사는데, 단정 지을 수는 없지만 이런 쇼핑은 대체로 손해를 봅니다. 상대적으로 비쌉니다. 가게에 직접 가서 사면 더 싸게 살 수 있는데 인터넷으로 사는 이유가 있습니다. 키보드를 두드리는 것만으로 이삼 일 지나면 초인종이 울리고 택배기사 분이 "여기 있습니다" 하고 물건을 배달해줍니다. 이 시스템은 뭐랄까요, 뭔가 좋은 느낌을 주기 때문에 많은 사람들이 점점 쇼핑에 빠져 불필요한데도 냄비라든가 순간온수기 따위를 집에 쌓아 놓게 되는 겁니다. 나도 이전에 인터넷에서 옷을 마구 구입한 적이 있는데, 그때 똑같은 스웨터를 세 장이나 사버렸습니다. 카탈로그를 보고 '아, 이거 좋네'라고 생각하면 더 깊이 생각하지도 않고 바로 주문을 하고는 나중에서야 이미 같은 옷이 두 장이나 더 있는 걸 발견합니다. 같은 옷이 있다는 것을 기억하지 못했다는 것은 이전에 산 스웨터를 한 번도 입지 않았다는 것이죠.

오프라인에서 사는 것보다 상대적으로 더 비싼, 그것도 지금 당장 필요하지도 않은 물건을 사지 않고는 못 배기는 이 충동은 어디서 유래한다고 생각합니까? 저는 통신판매가 본질적으로 침묵교역이기 때문이라고 생각합니다. 교환 상대의 얼굴도 보이지 않고 목소리도 들리지 않는다. 말 한마디 없이 돈을 송금하면 대답 한마디 없이 물건이 도착한다. 이유는 알 수 없지만 이렇게 상대방이 보이지 않을수록 우리는 '교환'을 계속하고 싶은 억누를 수 없는 충동을 느낍니다. 크로마뇽인 이래 인간은 쭉 그러했습니다.

온라인 판매시장을 개척한 회사 이름이 왜 '아마존'일까요? 이상하죠. 최첨단을 달리는 인터넷 비즈니스 회사명이 왜 세계에서 가장 깊은 밀림 지대를 흐르는 강 이름일까요? 왜 '허드슨닷컴'이라든지 '세느닷컴'이 아닐까요?

저는 아마도 아마존닷컴의 창업자가 이 사실을 직감했다고 생각합니다. 자신들의 비즈니스와 과거 브라질 서남부 고원인 마토 그로소 Mato Grosso의 깊은 밀림 속 인디오들이 행했던 침묵교역이 본질적으로 같은 것이라는 사실을.

말 한마디 없이 돈을 송금하면
대답 한마디 없이 물건이 도착합니다.
이유는 알 수 없지만 이렇게 상대방이
보이지 않을수록 우리는 교환을 계속하고 싶은
억누를 수 없는 충동을 느낍니다.
크로마뇽인 이래 인간은 쭉 그러했습니다.

이야기를 처음으로 돌려서

그러면 이제 이야기를 원래의 방향으로 돌려볼까요? 딴 길로 샌 것 같지만, 걱정 마세요. 완전히 틀린 방향으로 벗어난 것은 아닙니다. 지금까지의 이야기가 실은 교육 이야기의 서두였습니다. 지금까지의 이야기를 토대로 하지 않으면 앞으로의 이야기를 알아들을 수 없습니다. 이 책은 그런 구조입니다.

혹시 이야기가 옆으로 새게 된 계기를 기억하고 있습니까? '배움이라는 것은 무엇인가? 대화란 무엇인가?'라는 물음이었습니다. 거기서부터 일탈이 시작되었죠. 조금만 더 복습해보도록 하죠.

'대화'는 아주 평범한 것처럼 여겨지지만 잘 생각해보면 두 가지 지점에서 희한한 사건입니다. 한 가지는 자신이 무엇을 생각하고 있는지 자신이 한 그 말을 통해서 안다는 것(미리 머릿속에 만들어 놓은 구절을 복사해서 말하지 않는 한, 정말로 무엇을 생각하고 있는지 우리는 제대로 알 수 없습니다). 또 한 가지는 우리가 말을 하고 있을 때 그 말을 하도록 이끄는 것은 듣는 이의 욕망이라고 간주하고 있는 것입니다. 화폐와 침묵교역 이야기로 전전했습니다만, 실은 결국 모두 같은 이야기라는 것을 눈치 채셨습니까?

언제나 문제가 되는 것은 소통입니다. '대화'도 소통이고 '교역'도 소통입니다. 요컨대 소통이라는 것은 무엇과 무엇을 교환하는 것입니다. 그리고 침묵교역에서 밝혀진 것처럼 무엇과 무엇을 교환한다는 욕망이 가장 항진하는 것은 거기서 교환되는 것의 의미와 가치를 잘 모를 때입니다. 알게 되면 더는 소통을 계속할 의욕이 사라져 버리기 때문이죠. 교환의 장에 눈에 익은 물건이 놓여 있으면 '뭐야, 그거잖아!' 하고 교역을 계속할 기분이 사라집니다.

인간 사이의 소통은 언제나 그렇습니다. '이제 알았어!'라든지 '그 이야기는 벌써 들었다니까'라는 것은 '나는 당신이 말하고자 하는 것을 잘 이해했습니다'라는 우호적인 메시지가 아니라, 오히려 '알았으니까 그만 잠자코 있어'라는 소통의 중단을 선언하는 신호입니다.

우리가 대화를 하면서 가장 반갑고 기쁜 것은 '당신에 대해 더 알고 싶으니까 당신의 이야기를 더 들려줘!'라는 재촉입니다. 이것을 바꿔 말하면 '당신이 무엇을 말하려는지 아직 잘 모르겠다'가 아닐까요?

우리가 대화하고 있는 상대방으로부터 가장 듣고 싶은 말은 '이제 알았다(그러니까 잠자코 있어)'가 아니라 '아직 잘 모르겠다(그러니 더 말해

봐)'이죠. '너에 대해 더 이해하고 싶어'는 사랑의 시작을 고백하는 말입니다만 '당신이라는 사람, 이제 잘 알겠어!'는 대개 헤어질 때 하는 말입니다.

보시는 것처럼 대화가 이어지게 하는 것은 '서로에 대해 이해하고 싶다'는 욕망입니다. 하지만 대화는 이해에 도달하면 끝나버리죠. 그래서 우리는 '이해하고 싶지만 동시에 이해에 도달하는 것을 가능한 한 뒤로 미루고 싶다'는 모순된 욕망을 안고 있습니다.

결국 우리는 이해를 바라면서 이해에 도달할 수 없는, 공중에 떠 있는 상태를 가능한 한 연장하길 바라고 있습니다. 대화 상대방이 이쪽 이야기를 듣고서 "그런 이야기는 이미 다 알고 있어요" 하며 성급하게 고개를 끄덕이면 열이 받는 거죠.

그런데 좀 이상하지 않나요. 인간은 상대방으로부터 '네가 말하고 싶어 하는 것을 알았다'라는 말을 들으면 오히려 불쾌해집니다. 메시지를 정확하게 주고받는 것이 소통의 진정한 목적이라면서 메시지가 정확하게 전달될 때 불쾌하다면 이상하지요.

이쯤에서 메시지의 정확한 전달이 소통의 목적이 아닌 게 아닐까라는 의문이 생깁니다. 소통의 진정한 목적은 메시지의 정확한 전달이 아니라 메시지를 주고받는 그 자체가 아닐까요? 그렇기 때문에 소통 과정에서는 의사소통이 쉽게 이뤄지지 않도록 여러 가지 장치가 숨겨져 있는 게 아닐까요? 그렇게 되면 소통은 계속되니까요.

우리가 대화를 하면서 가장 반갑고 기쁜 것은 당신에 대해 더 알고 싶으니까 당신의 이야기를 더 들려줘! 라는 재촉입니다. 이것을 바꿔 말하면 당신이 무엇을 말하려는지 아직 잘 모르겠다가 아닐까요?

아베코베코토바

 의사소통이 쉽게 이뤄지지 않도록 소통 과정에 여러 장치가 숨겨져 있다는 게 무슨 말이냐고요? 소통이 원활하게 이뤄지도록 궁리한다는 말은 들어봤지만 제대로 이뤄지지 않도록 궁리한다는 것은 좀 이상하죠.

 하지만 실상은 이렇습니다. 아베코베코토바あべこべことば를 아시나요? 제 마음대로 만든 조어이기 때문에 모르는 게 당연합니다만 예를 들면 금방 이해할 겁니다.

 예를 들면 '적당하다'는 것은 무슨 뜻일까요? "적당한 답을 고르시오"의 경우는 '딱 들어맞는, 적절한'이라는 의미죠. 하지만 "그냥 적당히 하면 돼"의 경우는 오히려 '꼭 들어맞지 않고 다소 어긋나 있다'는 의미죠. 이상하지 않습니까? 예를 들자면 끝이 없습니다. 일본어만 그런 게 아닙니다. 동서고금을 막론하고 어떤 언어에나 모양은 같지만 완전 정반대의 의미로 쓰이는 말들이 있습니다. 그것도 일상적으로 자주 사용하는 말에서 말이죠.

이것은 프로이트 박사가 인용하고 있는 예이지만(프로이트 박사는 라캉의 스승 정도 되는 사람입니다. 기회가 있으면 『정신분석 입문』을 꼭 읽어보세요.) 고대 이집트어에서 '큰'과 '작은'은 둘 다 '켄'으로 발음되었다고 합니다. 고대 이집트인은 그 차이를 성조와 전후 문맥으로 판단했습니다. 라틴어의 '사켈'에도 '신성한'과 '저주받은'이라는 정반대의 의미가 공존하고 있습니다. 예전의 영어 with에는 '~와 함께', '~을 제외하고'라는 두 가지 뜻이 있었다고 합니다. 왜 이런 복잡한 일이 벌어진 걸까요?

텔레비전 드라마에 이런 장면이 있었습니다. 남자가 여자에게 "나, 좋아해?"라고 묻자 여자가 "응, 좋아해"라고 대답합니다. 남자는 "그 '좋아하는 것' 말고!" 하고 화를 냅니다. 남자가 기대하고 있었던 것은 '이성으로서 좋아한다'라는 대답이었는데 그 물음에 여자는 '친구로서 좋아한다(하지만 남성으로서는 흥미 없다)'라고 대답했던 겁니다. 그런데 신기하죠. '이성으로서 좋아한다'와 '좋아하지 않는다'는 완전히 상반된 상태를 모두 '좋아한다'고 표시하고, 다른 부연 설명 없이도 두 사람 모두 그 둘을 제대로 구별하고 있습니다. 이 장면에서 남자는 어떻게 여자의 '좋아해'라는 말을 '남성으로서 좋아하는 것이 아니다'라는 의미로 알아들을 수 있었을까요?

그것은 여자가 남자의 물음에 곧바로 대답을 했기 때문입니다. 만약 여자가 "음… 좋아해"라고 약간 뜸을 들이고 대답했다면 의미는 역전되었을 겁니다. 미묘한 음조의 변화만으로 우리는 같은 말을 다른 뜻으로 구분해서 들을 수 있는 셈입니다. 굉장한 능력이죠. 그런데 인간은 왜 이런 복잡한 일을 하는 걸까요? 대답은 앞에서 말씀드렸습니다.

소통의 과정에 의사소통이 간단하게 이뤄지지 않도록 여러 장치가 숨겨져 있기 때문입니다.

남자가 여자에게 날 좋아하냐고 문자
여자가 좋아한다고 대답합니다.
남자는 그 좋아하는 것 말고! 라며 화를 냅니다.
이 장면에서 남자는 어떻게 이성이 아닌
친구로 좋아하는 것이라는
의미로 알아들을 수 있었을까요?

오해의 폭

 동일어가 정반대의 의미를 갖는다는 것은 오해를 불러일으키기 쉽기 때문에 이치를 따져 생각할 때는 아무래도 좀 불편합니다. 자, 그러면 역으로 그런 '아베코베코토바'의 이로운 점을 생각해보죠.

 일단 상대방의 말을 주의 깊게 듣게 됩니다. 이것은 확실합니다. 만약 의사소통에서 오해가 절대 발생하지 않도록 정확한 어법으로만 말한다면 우리는 의사소통을 할 때 그만큼 서로 집중하지 않게 될 것입니다. 예를 들어 '이성으로서 좋아한다'와 '친구로서 좋아한다'를 각각 '좋아하는 것 A', '좋아하는 것 B'라는 식의 다른 말로 표현할 수 있다면, 혹은 고대 이집트인이 '큰'과 '작은'을 다른 형용사로 구별해 사용했다면 말이죠.

 소통을 할 때 집중하지 않아도 상대방이 말하고자 하는 것을 쉽게 알아차린다? 아주 편해 보이긴 합니다만 술술 말하고 쉽게 알아듣는 것이 그렇게 좋을 것일까요? 삐뚤어진 질문처럼 들릴지 모르겠습니다만 때로는 이런 물음을 받아들일 필요도 있습니다.

어쩌면 소통은 늘 오해의 여지가 있도록 구조화되어 있는 것인지도 모릅니다. 원래 말이란 것이 살짝 잘못 들으면 꽤 심각한 영향을 받도록 알기 어렵게 만들어져 있는 것입니다.

도대체 왜?

자크 라캉은 20세기에 가장 머리가 좋은 사람 중 한 명이지만, 정작 그의 책은 무엇을 말하고 있는지 전혀 모를 정도로 난해하기로 유명합니다. 그런데 좀 이상하지 않습니까? 그만큼 머리가 좋다면 왜 그 좋은 머리를 누가 읽더라도 술술 알 수 있도록 쓰는 방향으로 사용하지 않았을까요? 그게 그렇게 어려운 일이 아닐 것 같은데 왜 그렇게 하지 않았을까요? 궁금하죠. 그의 두뇌가 그런 사실을 자각할 정도가 아니었던 걸까요? 아니면 알고 있었지만 쉽게 쓰면 자신의 권위가 없어지니까 어려운 채로 둔 것일까요?

후자가 '정답'입니다. 쉽게 쓰면 뭔가 '고마움'이 없어지니까 어려운 대로 그대로 둔 겁니다. 정말입니다. 라캉 자신도 그렇게 말하고 있습니다.

여러분이 이해할 수 없는 방식으로 이야기를 하는 장면이 있는 것은 일부러 그랬다고 말하기는 그렇습니다만 실은 명백한 의도가 있습니다. 이 오해의 폭에 의해서 여러분은 내가 말하는 것을 따라갈 수 있다고 생각하기 때문입니다. 즉 여러분은 불확실하고 애매한 위치에 멈춰 있습니다. 그럼으로써 오히려 정정訂正의 길을 열어 두고 있는 것입니다.

바꿔 말하면 내가 만약 쉽게 알기 쉬운 방식으로, 여러분이 알았다는 확신을 가질 수 있는 방식으로 이야기를 진행한다면… 오해 따위는 생겨날 리 없겠죠.

(자크 라캉, 『정신병_하』)

이 말은 어떤 의미에서 소통에 관련된 우리의 상식을 통째로 뒤집고 있습니다. 하지만 소통의 본질을 이만큼 예리하게 파악하고 있는 말은 세상에 또 없다고 해도 좋을 정도로 통찰력이 풍부합니다. 이처럼 우리가 소통을 계속 유지할 수 있는 것은 거기에 '오해의 폭'과 '정정訂正으로의 길'이 남아 있기 때문입니다.

자크 라캉의 책은 난해하기로 유명합니다. 그는 왜 누가 읽더라도 술술 알 수 있도록 쓰지 않았을까요? 쉽게 쓰면 고마움이 없어지니까 어려운 대로 그대로 둔 겁니다. 정말입니다. 라캉 자신도 그렇게 말하고 있습니다.

# 오해의 커뮤니케이션

'안다'는 것은 커뮤니케이션의 문을 닫는 위험과 늘 함께합니다.

우리가 말을 할 때 내 이야기를 전혀 들어주지 않는 재미없는 상대방이 꼭 있기 마련이죠. 왜 내 이야기를 들어주지 않는가 하면 그쪽은 이쪽이 말하는 것을 전부 알고 있기 때문입니다(적어도 본인이 그렇다고 생각하기 때문입니다).

내 이야기를 이미 알고 있기 때문에 그에게 나는 '없어도 되는 인간'입니다. "네가 말하고 싶은 것을 알았다"라는 것은 "그러니 내 눈앞에서 사라져라"라는, 내 존재 자체를 부정하는 메시지도 내포하고 있는 셈입니다. 그래서 우리는 "이제 알았어!"라는 말을 들으면 상처를 받습니다.

듣는 이에게 아무런 흥미를 보이지 않고 혼자서 계속 열변을 토하는 자도 듣는 이의 존재를 부정하는 메시지를 발신하고 있다는 점에서 크게 다르지 않습니다. 그런 사람의 이야기를 억지로 들을 수밖에 없게 되면 우리는 마치 초절임을 당한 것처럼 깊은 상처를 입습니다. 예를 들면 교장선생님의 조례 훈화라든지 식전에 내빈으로 오는 시의원의 축사 같은 것이 그 전형이죠. 그런 말을 듣는 것은 고역입니다. 인간이라면 고통을 느끼는 것이 당연합니다. 이런 이야기가 우리에게 고통을 주는 것은 거기에도 역시 '문'이 닫혀 있기 때문입니다.

'문이 닫힌 말'이라는 것은 앞에서 쓴 것처럼 듣는 이를 향해서 "당신은 없어도 돼!"라고 고하는 말을 가리킵니다. "당신이 내 말을 이해하든 이해하지 않든, 당신이 있든 없든 나는 지금과 똑같은 말을 할 것이다"라는 외침을 듣고 상처받지 않을 사람은 없습니다.

때때로 '혼자 끄덕이는' 사람도 있습니다. 혼자 이야기하고 자기 말에 자기가 끄덕이는 사람 말이죠. 저는 혼자 끄덕이는 이와 대면하면 맥이 풀립니다. 말하는 내용이 틀리다든지 비위에 거슬리는 차원이 아닙니다. "네가 내 말에 동의하든 반대하든 나는 언제나 내 이야기에 동의한다"는 '듣는 이를 무시하는' 단호한 태도입니다. 그런 사람 앞에서 나의 생명력은 비틀비틀 쇠잔해집니다. 그런 것입니다. 눈앞에 있는 사람이 신경을 써주면 살아 있다는 느낌이 들고, 역으로 무시하면 점점 생명의 불꽃이 약해지는 것은 인간으로서 당연한 것입니다.

'사람을 무시하는' 집단 따돌림이 잔혹한 것은 거기에 있는 인간을 존재하지 않는 인간처럼 취급함으로써 '너는 이제 죽었다'고 고지하고 있기 때문입니다. 죽이겠다고 하면 아직 이쪽은 살아 있는 셈이니까 대처할 방도가 있지만 "죽었다"는 말을 들으면 아무것도 할 수가 없습니다.

우리들을 상처 입히는 소통이 어떤 것인가를 알게 되면, 반대로 우리가 유쾌함을 느끼고 살아 있음을 실감하는 소통이 어떤 건지도 알 수 있습니다. 듣고 기분이 좋아지는 말에는 몇 가지 종류가 있습니다. 그것들의 공통적인 요소는(오해를 부르는 표현이긴 합니다만) '오해의 여지'가 남아 있다는 것입니다.

기묘하게 들리죠? 하지만 오해의 여지가 없는 소통이 아니라 오해의 여지가 확보된 소통이야말로 우리가 소통하고 있음을 실감하게 합니다.

젊은이들이 회화에서 사용하는 어휘의 수는 매우 빈곤합니다. 이는 여러분도 인정할 거라고 생각합니다. 전철 안에서 '열 받는다', '기분 나쁘다', '예쁘다' 같은, 정말로 열 손가락에 꼽을 수 있는 단어만으로 대화하고 있는 여고생을 만나곤 합니다. 보통의 어른이라면 그런 말을 듣고 '요즘 애들은 왜 이렇게 어휘력이 부족한 걸까? 저런 말만으로 제대로 소통이 되는 걸까?' 하고 얼굴을 찡그리기도 합니다.

맞습니다. 저 상태라면 의사소통은 되지 않습니다. 스커트를 봐도 '예쁘다' 친구가 화장한 것을 봐도 '예쁘다' 음악을 들어도 '예쁘다'. 이 상황에서 그러한 형용사를 주고받는 그들끼리도 상대가 무엇을 말하고 있는지 상대의 마음속을 알고 있다는 생각은 도무지 들지 않습니다. 예쁘다는 것이 옷 색깔을 가리키는 건지, 디자인을 말하는 건지, 옷에 붙어 있는 단추의 미묘한 위치에 대해 말하고 있는 건지 "이거 예쁘네", "응, 예뻐" 하고 말하는 것만으로는 알 턱이 없습니다.

어찌 보면 요즘 아이들은 일부러 오해의 여지가 있는 소통을 하고 있는 걸까요? 그것이야말로 '소통의 왕도'이기 때문에? 열 개 남짓한 형용사로 이뤄지는 극도로 빈곤한 대화에 참가한 사람은 '무엇을 말하고 있는지 서로 잘 모르겠는' 상태이기 때문에 '불확실하고 애매한 위치'에 붙잡아 둘 수 있게 됩니다. 따라서 이러한 회화가 소통으로서 성립하는 것입니다.

아이들이 한정된 어휘로만 소통을 하게 된 것은 분명히 하나의 '퇴행' 현상이지만 인간은 본인만 아는 절실한 이유가 있어서 '퇴행'하고 있는 것이고 퇴행할 때조차도 반드시 그 나름의 방식으로 '돌아올 길'을 확보하고 있습니다(헨젤과 그레텔이 숲길에 빵조각을 뿌린 것처럼).

이처럼 극도로 빈곤한 어휘는 '말하고 싶은 것을 제대로 말하라'며 정형화된 자기표현을 강제하는 학교 교육에 대한 아이들의 반항이 아닐까 합니다. 학교 교육에서 쭉 옳다고 여겨온 방식으로는 소통이 불가능하다고 느낀 아이들이 일종의 자발적 실어증을 앓는 것으로 문 닫힌 소통을 회복하려 한다는 느낌이 듭니다.

듣는 이 없는 말

나는 대학 선생이기 때문에 연말이면 입학시험 감독을 합니다. 그리고 면접시험장에도 자주 나가는 편입니다. 면접관과 마주한 수험생들은 대개는 몸과 마음이 얼어붙는 긴장 상태에 놓이게 됩니다. 그럴 때 "우리 대학을 지망한 동기는 무엇입니까?"라는 진부한 질문을 하면 질문을 하는 쪽이 매우 곤란해지기 마련입니다. 수험생들은 다름 아닌 '그러한 진부한 질문'에 대한 대답을 만전의 자세로 준비해서 시험장에 왔기 때문에 '암기한 대답'을 구두점이나 억양도 없이 단조롭게 내리 읽듯 면접관에게 들려주니까요. 게다가 시선은 허공을 향한 채 필사적으로 머릿속에 쓰여 있는 문장을 읽습니다.

그것을 몇 분 동안 듣고 있노라면 면접관 역할을 하고 있는 나는 왠지 모를 슬픈 기분에 빠지게 됩니다. 그런 기분은 직접 겪어 보지 않으면 모르겠지만 정말로 삭막한 느낌입니다. 경우에 따라서는 슬픔을 넘어서 마주한 학생이 미워질 지경에 이르게 됩니다. 그 수험생이 내뱉고 있는 말이 전혀 이쪽을 향하고 있지 않으니까요. 즉 조금도 나에게 닿지 않기 때문입니다.

말의 의미를 잘 아는 것과 말이 이쪽에 와 닿는다는 것은 전혀 별개입니다. 수험생이 읊는 지망 동기는 잘 알아들을 수 있지만 듣는 동시에 잊어버립니다. (면접관이 귀를 막는 것이 시험장에서 허용되지 않는 이상) 듣는 즉시 잊어버리지 않으면 그 대화의 무의미함을 견딜 수 없습니다.

여기서 이 학생의 말을 듣고 있는 이는 사실 누구일지라도 상관없습니다. 나일 필요는 전혀 없습니다. '굳이 당신일 필요가 없다'는 사실을 귀에다 대고 떠들고 있다는 느낌이 들어서, 이런 '그냥 막 읊어대기' 같은 면접시험은 깊은 피로감을 안겨줍니다.

면접시험에서 나를 유쾌하게 만드는 수험생도 있습니다. 그는 '그 자리에서 생각난 것'을 이야기하는 사람입니다. '그 자리에서 생각난 것'은 이쪽에서 던진 예상외의 질문이라든지 이야기의 흐름에서 별안간 탄생한 것입니다. 이런 이야기라면 내용에 관계없이 면접관도 수험생도 마음이 편안해집니다. 수험생도 계기를 만들어준 면접관도 모두 그 이야기의 생성에 관여하고 있기 때문입니다. 즉 그 탄생의 순간에 입회하고 있는 것입니다. 거기에는 일종의 '그 무엇과도 바꿀 수 없음—교환 불가능성'이 있습니다. 그럴 때 시험장은 꽤 훈훈해집니다. 내가 여기에 있었기 때문에 이 말이 탄생한 것이라는 성취감 같은 것을 느낄 수 있기 때문입니다. 그런 것입니다.

  수험생들은 면접관이 시험장에서 무게나 잡고 냉정하게 평가만 한다고 생각할지도 모르겠습니다만 그렇지 않습니다. 이쪽도 사람이다 보니, "너 같은 건 있든지 말든지 상관없어"와 같이 소통을 거부하는 '주야장천 읽어대는' 응답을 들으면 상처를 받습니다. 그 상처는 주야장천 읽어대는 하나도 재미없는 학교 행사 축사를 잠자코 앉아서 들어야 하는 학생들이 받는 고통과 같은 종류의 상처입니다.

말의 의미를 잘 아는 것과 말이 이쪽에 와 닿는 것은 전혀 별개의 일입니다.

말의
머뭇거림이
있는 문장

　아이들에게 "자신이 말하고 싶은 것을 말로 제대로 표현해라"라고 가르치는 것에 대해 저는 약간의 의문을 갖고 있습니다. 왜 의문을 품느냐면 "자신이 말하고 싶은 것을 말로 제대로 표현해라"라고 말할 때에는 "말로 제대로 표현해라"라는 요청의 침입에 의해 "이것이 정말 '내가 말하고 싶은 것'인가?"라는 자문의 시간이 줄어들기 때문입니다.

　대학에 막 입학한 신입생들에게 자유로운 주제로 에세이를 쓰게 하면 흥미로운 글을 만날 수가 없습니다. 아니 거의 '매우 재미없는' 글들뿐입니다. 틀에 갇혀 있기 때문에 그런 거죠.

　'소논문을 어떻게 쓸 것인가'에 대해서도 아마 고등학교 국어 수업에서 기법으로 접근해 습득했겠지요. 논제에 관해서 구체적인 예를 들고, 그것에 관한 일반적 견해를 소개하고, 나름의 좀 다른 시점을 제시

해서 마지막에는 무엇이든 상관없는 결론('일본은 이대로 괜찮은 걸까?', '젊은이들도 좀 생각해주길 바란다', '미디어의 논조에 무비판적으로 따르는 것은 문제가 있다'와 같이 어디에나 가져다 쓸 수 있는 전형적인 문구는 열 개도 더 넘게 있습니다)으로 마무리를 하는 에세이를 씁니다.

이런 글을 몇 십 편 읽다 보면 읽는 사람은 아주 무거운 피로감에 젖어들게 됩니다. 정형화된 말투, 관용구의 난사는 일종의 폭력으로 기능하기 때문입니다. 저같이 경력이 많은 교사도 이런 글을 계속 보면 숨이 막히고 가슴이 답답해집니다. "부탁이니까 제발 창문 좀 열어줘" 하는 신음 소리가 저절로 새어 나옵니다.

'물음 문問'이라는 것은 '정정訂正으로 가는 문門'을 가리킵니다. 즉 누군가 뭔가를 말하면 "그건 이런 걸 말하는 거야?"라고 되묻고, 그것에 대해서 "아니 그게 아니라"라는 식으로 '정정'이 있는, 주고받음으로 시작되는 커뮤니케이션 같은 것이죠. 자물쇠가 풀려서 문이 열리고, 바깥 공기가 들어오는 느낌…. 그것이 에세이 안에 담겨 있으면 읽는 사람은 어쩐지 구원받는 느낌이 듭니다. 허공을 바라보며 필사적으로 암기한 문구를 읽어내는 사람이 아니라 얼굴을 마주하고 더듬더듬 말을 찾으면서 이야기하고 있는 사람을 앞에 둔 듯한 기분이라고 해야 할까요.

신입생 중에 그런 글을 쓸 수 있는 사람은 소수에 불과합니다. 하지만 할 수 있는 사람은 해낼 수 있습니다. 그게 어떻게 가능한가 하면 그런 사람은 '자신이 말하고 싶은 것'이 무엇인가에 대한 관심, 한걸음 더 들어가서 말하면 '자신이 품고 있는 질문'에 대한 흥미가 많기 때문입니다.

그런 생각들이 '성형화된 글쓰기'보다 우선하고 있는 거죠. 그 사람은 아마도 자신의 말을 아직 '잘 모르는 사람'일 것입니다. 자신이 무엇을 생각하고 있는지를 잘 모릅니다. 잘 모르기 때문에 머뭇거리거나 막히고 걸리고 주저하고 고쳐 말합니다. 말과 생각이 제대로 합치되지 못하는 거죠. 그 '머뭇거림'과 '막힘'이 그대로 표현된 문장은 좋은 문장은 아닐지라도 적어도 '문이 열린' 문장일 가능성이 높다고 생각합니다.

여러분에겐 복잡하게 뒤얽힌 것으로 느껴지겠지만 분명 어딘가에 자연스러운 흐름이 있습니다. 숨차게 달려온 사람의 거친 숨소리로 들릴지도 모르지만 저에게 그 문장은 생명의 약동으로 느껴집니다. 그런 문장은 논리적이지는 않지만 확실한 조리條理가 서 있습니다.

머뭇거림과 막힘이
그대로 표현된 문장은 좋은 문장은
아닐지라도 적어도 문이 열린
문장일 가능성이 높습니다.

오독할 자유

예를 들면 이런 것은 어떨까요?

문학에서 가장 중요한 것은 '마음을 다하는 것'이다. 자네들은 '마음을 다하는 것'이 뭔지 모를지도 모른다. 그러나 '친절'이라고 말해버리면 너무 노골적이어서 함축성의 맛이 없다. '마음 씀씀이', 그렇게 말해도 딱 들어맞지 않는다. 말 그대로 마음을 다하는 것이다. 작자가 마음을 다한 것이 독자에게 통했을 때 비로소 문학의 영원성이라든지 혹은 문학의 고마움이라든지 기쁨이라든지 그런 것들이 성립한다고 생각한다.

(다자이 오사무, 『如是我聞』)

• • •

문학의 본질이 무엇이든 일단은 젖혀두시기 바랍니다. 여기서 여러분이 알아줬으면 하는 것은 이 짧은 문장 속에서 집요할 정도로 반복되는 고쳐 말하기입니다.

'그렇게 말해도 딱 들어맞지 않는다'고 말하는 '말'과 '생각' 사이의 어긋남, 괴리를 메울 수 없는 위화감. 그 괴리 자체가 이 문장을 전진시키고 있다는 것을 알겠는지요?

'문학의 영원성'이라고 쓰고 나서 그 말의 정형성이 무서워서 벌벌 떤 다자이 오사무는 곧 '문학의 고마움'이라든지 '문학의 기쁨' 같은 쉬운 말로 바꿔서 이야기를 더 쉽게 풀어나가고 있습니다. '문학의 영원성'이라면 모를 바도 아닙니다. 하지만 문학의 고마움, 기쁨이라고 말하면 의미가 팍 와 닿지 않습니다. 문학에 대해 그런 식으로 말하는 사람은 없기 때문입니다. 하지만 "그런 것이 비로소 성립한다고 생각한다"라는 식의 나름의 결론을 지을 수 있는 것은 문학의 고마움이라든지 기쁨처럼 의미를 잘 알 수 없는 말을 그가 더듬어 찾아냈기 때문입니다.

의미가 확실하지 않은 말을 더듬어 찾아냈기 때문에 '고쳐 말하기' 운동을 잠깐 멈출 수 있었던 것입니다. 집을 짓는 과정에 비유해서 말하자면 마침 적절한 시기에 '안정적이지 않은 돌'을 발견해 그것을 토대 위에 올려놓음으로써 일을 한 단계 마무리하고 휴식하는 느낌이랄까요.

'안정적인 돌'을 찾아냈기 때문에 잠시 쉬는 것이 아닙니다. 흔들흔

들하는 돌이기 때문에, '말과 생각의 위화감'을 결코 해소할 수 없는 완전하지 못한 표현이기 때문에 다자이 오사무는 그것을 문장의 마지막에 배치하고 일단락을 지었던 것입니다. 이것이야말로 바로 '정정의 문'을 열어 두는 행위로서 아주 좋은 예입니다.

물론 나는 모든 대학생에게 다자이 오사무처럼 쓰라고 말하지 않습니다(그것을 읽는 것 또한 괴로운 일일 테니까요). 내가 말하고 싶은 것은 '문장을 전진시키는 힘은 말이 생각을 채워주지 못하는 데 있다'는 것입니다. 아마도 오사무의 이 문장이 '자신이 말하고 싶은 것을 제대로 말하기'라는 국어 수업에서 교사의 평가를 받는다면 별로 좋은 점수를 얻지는 못할 겁니다.

하지만 반세기 이상 이 문장이 많은 사람들에게 읽혀진 것은 이것이 말하고 싶은 것을 충분히 말하지 못하고 버둥거리는 문장이기 때문입니다. '버둥거리고' 있는 만큼 여기에는 '오해의 폭'이 확실히 확보되어 있습니다.

다자이 오사무는 '이해'와 '오해'가 닿을 듯 말 듯 빠듯하게 접근하면서 절대 100퍼센트 이해는 되지 않게 쓰고 있습니다. 여기에 작가의 천재성이 있다고 말해도 좋겠죠.

물론 '무엇을 말하는지 알 수 없는 것투성이 문장'을 쓰면 누구도 읽어 주지 않습니다. 역으로 '무엇을 말하는지 술술 읽히는 문장'을 써도 누군가 두 번 이상 읽어줄 거라고 생각하지도 않습니다. 잘 모르겠지만 뭔가 마음을 울리는, '확실히 그렇다'고 납득이 가긴 가지만 어디가 어떻게 납득이 가는지를 콕 짚어 말할 수 없는, 그래서 반복해서 읽어야 하는 그런 문장이 바로 독자에게 강하게 침투하는 문장입니다.

왜 그런 문장이 독자에게 강하게 닿는가 하면 독자에 대한 신뢰가 그곳에 있기 때문입니다. 신뢰를 받고 있다 혹은 해석이 나한테 위임되어 있다는, 부여된 책임을 독자가 느끼기 때문입니다.

그런 문장은 독자가 주체적으로 다가서지 않는 한 살아 숨쉬지 않습니다. '주체적으로 다가서기'라는 것은 바꿔 말하면 독자 측의 '착각'이자 '오해'이고 심한 경우는 '관계 망상'에 가깝습니다. 하지만 그래서 오히려 좋은 것입니다.

다자이 오사무 문장의 힘은 독자에게 (이렇게 말해도 좋다면) 오독할 권리, 오해할 자유를 허용하는 데서 비롯됩니다. 다자이 오사무는 '마음'이라고 쓰지 않고 '마음을 다함'이라고 쓰고 '친절', '마음 씀씀이'로 말을 바꿔갑니다.

'마음'은 작가인 다자이 오사무 자신의 것입니다. 독자는 다자이 오사무의 말을 믿는 것 외에 그 흉중을 살필 기술이 없습니다. 다자이 오사무의 그 '마음'은 독자인 우리가 없어도 혹은 문장에 그것을 표현하지 않아도 다자이 오사무 안에 있습니다(아마도).

하지만 '마음―정성을 다함'과 '마음 씀씀이'는 독자가 있어 가능합니다. 그것은 쓰는 자가 읽는 자를 향해 똑바로 내밀고 있기 때문입니다. 독자가 없으면 존재할 수가 없습니다. 상대방이 있어 마음을 다하고, 마음을 쓸 수 있으니까요.

상대방을 향하고 있다는 건 달리 보면, 서비스를 제공하는 측이 아무리 마음을 다하고 간절하게 마음을 써도 그것이 상대에게 전해지지 않을 위험을 품고 있다는 것입니다. 이쪽에는 친절한 마음이 있지만 그것이 상대에게는 가 닿지 않을 수도 있습니다. 안타까운 상황입니다만 이쪽의 생각이 제대로 가 닿을지 알 수 없습니다. 하지만 바로 이 모든 것이 상대방에게 달렸다는 점이, '마음을 다하는' 것이 '마음 다하기'가 될 수 있는 까닭입니다.

내 생각을 어떻게 해석할까? 어떻게 평가할까? 그 모두를 당신에게 맡긴다는 약간 비통한 단념斷念을 고하면서 그럼에도 불구하고 가능하면 이쪽의 의도를 읽어서 그 나름의 평가를 해주길 바라며 이것저것 말을 바꾸거나 새로운 단어를 조합해봅니다. 이 단념의 좋은 점과 나쁜 점이 조화롭게 공존하고 있다는 점이 마음을 다하기의 공적입니다.

자신이 말하고 싶은 것을 제대로 말하는 것이 커뮤니케이션에서 반드시 본질적인 조건이 아니라는 것을 아셨는지요? 진정한 의미에서의 좋은 문장은 오독할 자유, 오해할 권리를 읽는 이에게 확보해주는 문장입니다.

그러나 여러분이 지금까지의 이야기에 무심코 고개를 끄덕였다면 이야기는 더 복잡해집니다. 오독을 허용한다는 것은 말을 바꾸면 "나는 이 문장의 구석구석까지 전부 이해했다"라는 독자의 오만이 허용되지 않는다는 것입니다. 오독을 허용하는 문장이라는 것은 실은 오직 오독만 허용하는 문장입니다.

당연하죠. 만약 누군가(평론가라든지 문학연구자가) "나는 이 작가의 이 문장의 의미를 구석구석까지 이해했다"고 주장해서 그 해석이 '옳다'는 것으로 세상이 합의한다면 그 이후의 독자들에게는 '오독할 권리'가 없습니다. 그래서 커뮤니케이션에서는 '일반적인 이해'라는 것이 허용되지 않습니다.

세상에서 대대로 고전이나 명작으로 읽히는 책에는 방대한 해설서와 연구서가 있습니다. 왜 이렇게 많은 해설서와 연구서가 쓰였는가 하면 '읽으면 재미있지만 잘 생각해보면 무슨 말을 하고 있는지 잘 모르기 때문'입니다.

소설이든 철학서이든 고전이라고 불리는 책은 '구석구석까지 이해를 했다'고 결코 말할 수 없게끔 하는 수수께끼 같은 요소를 포함하고 있습니다. 이것은 구조적으로 반드시 그렇습니다.

'수수께끼 같은 구절 passage'은 읽은 사람이 이구동성으로 '아, 이 대목은 수수께끼 같아'라고 합의하는 그런 종류의 수수께끼가 아닙니다. 오히려 대부분의 사람들이 술술 읽어 넘어가는 곳에 잠시 멈춰 서서 "잠깐만, 여기서 왜 이런 말이 나오는 거지? 이상하지 않아?" 하는 식으로 미심쩍어하는 사람이 우연히 발견하는 것입니다.

극단적인 예로 "왜 이 책에는 이 말이 사용되지 않은 것일까?" 하고 묻는 경우도 있습니다. 아서 코난 도일의 「실버 블레이즈Silver Blaze」에서 셜록 홈스는 "왜 사건이 일어난 밤에는 이 일이 일어나지 않았던 것일까?"라는 추리를 합니다. 홈스로부터 한 수 배울 것은 '거기에 없는 것'을 기이하게 여겼다는 것입니다.

즉, 한 권의 책에 심을 수 있는 수수께끼는 논리적으로는 무한합니다. 독자 한 명당 수수께끼가 한 개만 있지는 않습니다. 똑같은 책을 읽어도 어릴 때와 어른일 때 책의 양상은 전혀 다릅니다. "아, 이 책에 이런 게 있었던가. 예전에는 전혀 알지 못했는데" 하는 경우가 자주 있습니다. 아이였을 때에는 간과하고 있었던 것을 어른이 되어서 자각하게 되는 경우도 있고 그 반대의 경우도 있습니다.

결혼하거나 취직을 하거나 아이가 생기거나 병에 걸리거나 친한 사람이 죽는 등 우리에게는 여러 사건들이 일어납니다. 실연 전과 후가 다르듯 같은 책이 사건 전후로 보여주는 '수수께끼'는 다릅니다. 논리적으로 보자면, 독자 한 사람 한 사람이 발견할 수 있는 수수께끼는 무한대인 셈입니다.

자신이 말하고 싶은 것을 제대로 말하는 것이 커뮤니케이션에서 언제나 필수적인 조건은 아닙니다. 진정한 의미에서의 좋은 문장은 오독할 자유와 오해할 권리를 읽는 이에게 확보해주는 문장입니다.

당신은 무엇을 말하고 싶은가요?

'이 책에서 어떤 교훈을 끄집어낼 수 있지?' 책을 읽고 이런 질문을 던지는 사람을 종종 만납니다. "이 문장에서 작가는 무엇을 말하고 싶은가?" 같은 질문은 국어시험에 단골로 나오는 질문입니다.

확실히 이러한 질문이 유효한 경우도 있습니다(컴퓨터 사용 설명서를 읽을 때는 "그래서 도대체 뭘 말하고 싶은 거야!"라고 소리치고 싶을 때가 있습니다). 하지만 디지털 카메라 사용 설명서와 같은 실용적인 안내서를 제외한 책들을 두고 "무엇을 말하고 싶은가?"라고 질문하는 것은 별로 유용하지 않다고 생각합니다.

데이비드 린치 감독의 영화 〈멀홀랜드 드라이브〉 DVD에는 감독 인터뷰가 있습니다. 데이비드 린치라는 사람은 뭐가 뭔지 알 수 없는 영화를 찍는 것으로 유명한 감독입니다만 〈멀홀랜드 드라이브〉는 그의 작품 중에서도 특히 '뭐가 뭔지 당최 알 수 없는 영화'로 정평이 나 있습니다(아주 재미는 있습니다).

영화 내용은 일단은 아무래도 좋습니다(하지만 기회가 있으면 꼭 한번 보세요). 흥미로운 것은 감독 인터뷰에서 일본인 인터뷰어가 "감독님은 이 영화에서 무엇을 말하고 싶었습니까?"라는 질문을 했다는 사실입니다. 아마도 이 질문은 현대 일본 국어교육의 한 가지 성과를 체현하고 있다고 생각합니다.

데이비드 린치 감독은 가엾게도 너무 놀라 말문이 막혀버렸습니다. 의표를 찌르는 질문이었겠죠. 그 인터뷰어는 작품에서 '무엇을 말하고 싶었는지'를 알게 되면 누구라도 그 작품을 이해할 수 있다고 생각한 것입니다.

데이비드 린치(그 밖의 다양한 분야의 창조자들)는 '뭔가 말하고 싶은 것'을 정해 놓고 그것을 영상 기호와 오브제와 음표로 만들어서 '표현' 한 게 아닙니다. 그게 아니라 "하다 보니까 이런 작품이 만들어졌다"는 것이 뭔가를 창조하는 대부분의 예술가들의 본심이 아닐까 생각합니다.

예를 들면 모차르트에게 "이 작품을 통해서 당신은 무엇을 말하고 싶나요?"라는 질문을 하는 것이 얼마나 어리석은 일인지 상상할 수 있 겠죠. 모차르트가 아무리 온갖 말을 동원해 설명을 해도 그의 1악절을 듣는 순간 그 말들은 공중으로 분해되어 버립니다.

예술 작품, 특히 천재적인 예술가의 작품은 만든 본인도 어떻게 이런 것이 만들어졌는지 그 계기나 경위 같은 것을 잘 모릅니다. 만든 본인에게조차 '수수께끼'인 것입니다. 그런 작품에 대해서 스스로 설명할 수 있을 리가 없습니다. 그래서 문학작품의 '자작 해설'은 믿을 것이 못됩니다.

예를 들면, 자주 있는 일입니다만, 그 작자가 큰 영향을 받은 선행 작품이 있다고 합시다. 하지만 "~의 영향을 받았습니다"고 정직하게 작품의 유래를 밝히는 사람은 거의 없습니다. 모든 작가들은 자기 작품의 고유성을 과장하는 경향이 있기 때문에(이는 인간이기 때문에 어쩔 수 없습니다) 자신이 영향을 받은 선행 작품과 작가에 관해서는 가능하면 잊고 싶어 합니다. 그래서 "이 작품은 누구누구의 작품과 흡사하군요"라는 말을 듣고 가만히 있을 작가는 없습니다.

경우에 따라서는 누군가의 작품에 강하게 영향을 받으면서 그 사실 자체를 잊어버리는 경우도 일어납니다. 나는 학자이기 때문에 학회에서 발표를 들을 기회가 가끔씩 있습니다. 거기서 몇 차례 경험한 것입니다만 연구 발표 내용이 이전에 발표된 누군가의 논문과 완전히 똑같은 것이 있었습니다. 그러나 연구자는 그 선행 연구에 관해서 아무런 언급도 하지 않습니다. 인용하거나 참고한 것도 밝히지 않았습니다. 그렇게 되면 당연히 발표회장에서 '당신의 이번 연구는 앞선 누군가의 연구와 흡사한데 왜 그것에 관해서 말하지 않는가?'라는 질문이 가차 없이 날아옵니다. 흥미로운 것은 그렇게 '표절' 지적을 받은 연구자는 언제나 그런 말을 듣고 깜짝 놀란다는 사실입니다. 그들은 이구동성으로 "그런 연구가 있었다는 것을 전혀 몰랐다"고 주장합니다. 심지어 "왜 그런 생트집을…" 하며 눈물을 머금는 사람도 있습니다.

하지만 역시 그건 불가능한 일이지요. 어떤 주제에 관해 전문적으로 연구하는 사람이 다른 선행 연구는 모두 훑어보았지만 자신의 연구와 '완전히 똑같은 것'만 일부러 빼먹었다는 것은 확률적으로 일어나기 힘든 일입니다.

역시 읽었습니다. 그리고 잊은 거지요. 그렇다고 나는 이것을 '도용' 혹은 '표절'이라고 소리 높여 비판할 마음이 없습니다. 아니 오히려 인간의 기억은 그런 식으로 되어 있기에 어쩔 수 없다고 생각합니다.

이는 장르를 불문하고 모든 창조 행위에 적용됩니다. 작자는 종종 자신이 가장 강한 영향을 받은 작가와 작품을 잊어버립니다. 애당초 그것을 잊지 않으면 "왜 이런 작품이 나왔는지 모른다"는 창조 공정에 대한 '무지'의 상태에 이를 수 없기 때문입니다. 그리고 '무지'라는 도약대가 없는 한 인간은 창조적으로 될 수가 없습니다.

자신이 왜 작품을 만드는지, 어떤 기법을 사용했는지, 누구의 영향을 받았는지, 어떤 점이 새로운지, 무엇을 전하고 싶은지 따위의 것들을 인지하고 있었다면 인간은 결코 그 무엇도 창조하지 않았을 겁니다.

수수께끼의 선생님

 선생과 제자의 관계도 작품과 예술가의 관계와 비슷합니다(앗, 겨우 본주제로 돌아왔습니다!).

 우리가 경의를 품는 대상은 '학생에게 유용한 지식을 전해주는 선생'도 아니고 '학생의 인권을 존중하는 선생'도 아니고 '정치적으로 옳은 의견을 말하는 선생'도 아닙니다.

 우리가 경의를 품는 것은 '수수께끼 선생님'입니다. 혹은 무지無知의 선생님이라고 말해도 좋을지 모르겠습니다. 오해를 불러일으킬 것 같은 표현입니다만(하지만 이 책은 '계속 오해를 불러일으키는 것이 좋은 커뮤니케이션이다'라는 의견을 표명했기 때문에 별로 신경쓰지 않겠습니다), 이 말은 무지한 선생님이 아니라 나에게는 도무지 이해할 수 없는, 즉 나의 지知가 미치지 못하는 무언가를 내포하고 있는 선생님을 가리킵니다. "선생님은 내가 결코 도달할 수 없는 경지에 있다"는 것을 실감할 때에만 제자들은 몸이 떨리는 경의를 느낍니다.

이를 위해서 선생이 실제로 탁월한 기술과 지식을 갖출 필요는 없습니다. '수수께끼 선생님'은 이미 알고 있는 기술과 지식을 우리들에게 전하는 사람이 아닙니다. 그가 전하는 것의 가치를 이미 우리가 알고 있어서 그 대가를 받을 수 있는 교사는 '수수께끼를 품은 사람'이라고 볼 수 없습니다. 그 사람이 도대체 무엇을 알고 있는지 우리들이 상상하지 못하는 선생님, 그것이 '수수께끼 선생님'입니다.

수수께끼 선생님의 교육적 효과에 관한 근대 일본에서 가장 탁월한 기술은 나쓰메 소세키의 것입니다. 자신 있게 말씀드릴 수 있습니다.

여러분은 국어 교과서에 나쓰메 소세키의 문장(대개는 『마음』입니다만)이 반드시 나오는 것이 이상하다고 생각한 적은 없습니까? 『마음』 같은 것은 그다지 명문장이라고 할 수도 없고 제1장 「선생님의 유서」 또한 아무런 재미도 없는 이야기지요. 그럼에도 불구하고 역대 교과서 편집자들이 "역시 『마음』은 남겨 둬야지!"라고 하고, "맞아, 맞아!"라고 맞장구를 친다면 여기에는 뭔가 깊은 까닭이 있는 것 같습니다.

소세키의 『마음』과 『산시로三四郎』(아마도 여러분은 둘 다 읽어보지 않았겠지만) 모두 '수수께끼 선생님'에 관한 이야기입니다.

『마음』은 '나'라는 화자가 '선생님'이라 불리는 변변찮은 무직의 중년 남성을 스승으로 존경하고 마침내 사랑하게 되어서 그 집에 드나들고 그러다가 자신의 친부모보다 더 중하게 여기게 되자, 선생이 "나는 당신에게 '선생'으로 불릴 만큼 대단한 사람이 아닙니다"라는 장황한 유서를 남기고 자살하는 뭔가 영문을 알 수 없는 이야기입니다.

『산시로』도 『마음』과 대동소이합니다. 구마모토에서 도쿄에 있는 대학을 다니게 된 청년 산시로가 별명이 '위대한 어둠'인 변변찮은 중년 남성(이번에는 무직이 아니라 고등학교 교사)에게 점차 끌리면서 "나는 이 사람을 스승으로 삼고, 마침내 성장해가는 걸까?" 하고 어렴풋이 생각한다는, 역시 영문을 알 수 없는 이야기입니다.

두 이야기 모두 이상한 이야기라고 생각되지 않습니까? 십대 남자아이가 겉보기에는 변변찮은 중년 남성을 스승이라 생각해서 그것을 계기로 성장의 과정을 시작한다니 말이에요. 이 두 소설에서는 이 '선생님'들이 어떤 식으로 훌륭한지 어떤 유용한 지식을 갖고 있는지에 관한 서술은 전혀 없습니다. 오히려 이 아저씨들에게는 세상에서 통용되지 않을 것이 분명한 수상한 언동이 보입니다. 한쪽은 무위도식 하는 한량, 다른 한쪽은 고등학생들에게 '위대한 어둠'이라 불릴 정도로 도대체 무엇을 생각하고 있는지 갈피를 잡을 수 없는 아저씨.

그럼에도 불구하고 소세키는 "청년들이여, 이런 '아저씨'를 찾아내서 그 사람을 스승으로 삼아 인간적 성장을 성취하세요. 그럼 안녕!" 하고는 이야기를 재빨리 끝맺고 있습니다.

너무 심하죠. 이런 이야기를 보통의 중학생과 고등학생이 이해할 리가 없습니다. 하지만 대문호가 그렇게 쓰고 펜을 놓은 이상 '그것으로

된 거야'라고 받아들이지 않으면 안 됩니다.

소세키가 이 소설을 쓴 것은 메이지유신 이후 40여 년이 흘러, 20세기가 막 시작된 무렵입니다. 그 시대에 소세키는 장차 일본 사회의 중핵이 될 메이지 청년들을 향해서 '주변에 있는 적당한 아저씨를 골라 스승으로 모셔도 된다'고 썼던 것입니다.

소세키가 선생님의 조건으로 들고 있는 것은 단 두 가지뿐입니다. 하나는 '뭐가 뭔지 잘 모를 사람', 또 하나는 '일종의 채워지지 않은 무언가로 둘러싸여 있는 사람'이라는 것입니다.

선생이란 존재가 '뭐가 뭔지 모를 사람'이 되어버린 원인이 '뭔가 채워지지 않은 상태로 있는 것'에 있다고 하면 이것은 같은 경험의 앞뒤 두 가지 얼굴이라고 말해도 좋을지 모릅니다. 그렇다면 그건 결국 하나인 거죠.

소세키가 그렇게 쓴 이상 '선생'이 '선생'으로서의 역할을 하려면 그것만 있어도 충분할 겁니다. 틀림없이.

오해하는 자로서의 정체성

선생이 선생으로서 기능하기 위한 조건은 그 사람이 젊었을 때에 일종의 채워지지 않음을 경험하고 그 결과 '영문을 알 수 없는—정체를 알 수 없는—아저씨'가 되어버린 경우입니다. 이것이 내가 보는 나쓰메 소세키의 결론입니다(여기에 다른 의견이 있는 분이 많으시겠지만 오늘만은 참아주세요).

그러면 선생이 젊었을 때에 경험한 '일종의 채워지지 않음'이라는 것이 무엇일까요?

『마음』에는 그 이야기가 조금 나옵니다. 그런데 『산시로』에는 아무것도 나오지 않습니다. 『나는 고양이로소이다』의 구샤미 선생도 전형적인 소세키 류 '선생'의 전형이라고 할 수 있습니다만 어쩌다 이런 얼빠진 아저씨가 되어버렸는지에 관해선 작품 중에는 언급이 없습니다. 이는 그 사연이야 어찌되었던 상관없다는 것이겠지요.

말로 형언할 수 없는 '채워지지 않음'을 뼛속 깊이 느껴서 "아, 이러한 '채워지지 않음'을 인지하는 것이 인간에겐 아주 중요한 경험이구나" 하고 깨닫고, 실제로 그 전후로 사람이 꽤 바뀌었다면 '선생'의 자격은 그것으로 충분해집니다. 이 경험이 '어른'과 '아이'로 나뉘는 결정적인 분기점인 것입니다.

그런데 도대체 이 아저씨는 무엇을 경험한 것일까요? 앞에서 소통을 논하며 확인한 것을 상기해보세요. 가장 중요한 것은 소통은 늘 오해의 여지를 확보하도록 구조화되어 있다고 했습니다. 왜냐면 '오해'의 종류는 '오해하는 자'의 머릿수만큼 있는 데 비해서 '이해'라는 것은 한 종류밖에 없기 때문입니다. 두 개나 세 개나 있다면 '정답'이 아닙니다. '정답'은 하나뿐이기에 '정답'입니다.

만약 소통에서 정답에 도달하는 것이 목적이라면 어떻게 될까요? 정답에 도달한 사람이 있으면 그 이외의 듣는 이, 해석자는 없어도 되겠죠. 왜냐하면 이미 정답은 도출되었으니까요. 그 이외는 전부 오답이니까요. 그런데도 그 주위를 얼쩡댄다면 폐만 끼칠 따름인 거죠.

사제 관계도 똑같습니다. 선생이 가르치고 있는 것을 "나는 알았다"고 말하는 제자가 있다고 합시다. 그가 정답을 맞추면 그 이외의 제자는 이제 없어도 되는 셈이죠. 정답을 찾은 제자가 뒤를 이어서 선생이 되고 그가 다음 제자를 받아들이면 되는 거죠. 쓸모없는 오답을 말하는 제자는 방해가 될 뿐입니다.

소통 과정에서 정답을 인정받게 되면 소통의 수신자는 한 명으로 종결되고 그 이외의 사람들은 "곧바로 소통의 장으로부터 사라져라"가 됩니다.

하지만 그리 되어서는 곤란합니다. 인간은 '소통하는 자'입니다. 즉 소통하지 않는 인간은 인간이 아니라는 것입니다. 소통에서 정답을 정해버리면 대부분의 인간은 존재 이유를 잃어버려 더는 인간이 아니게 됩니다.

그것은 곤란한 일이죠.

인간의 개성이라는 것은 바꿔 말하면 '오답자로서의 독창성'입니다. 어떤 메시지를 어느 누구와도 다른 방식으로 오해했다는 사실이 그 수신자의 독창성과 아이덴티티를 결정짓는 것입니다.

한 스승에게 여러 제자가 있지만 모두들 그의 수수께끼를 풀지 못합니다. 바로 그 실패가 제자의 의무입니다. 실패 덕분에 스승과의 대화를 (스승의 사후에도) 계속하며 '이것도 아니고, 저것도 아니다'며 '수수께끼'에 관해 끊임없는 논의를 할 수 있습니다. 그런 식으로 하나하나씩 정체성과 주체성이 기초 지어지는 것입니다.

모든 제자는 스승을 이해하는 데 실패합니다. 하지만 그 실패하는 방식의 독창성에 의해서 다른 어떤 제자로도 대체될 수 없는 둘도 없는 사제 관계로 계보를 잇게 됩니다.

'어른'과 '아이'의 분기점은 이 소통에서 오해의 구조를 자각하느냐 못하느냐에 달려 있습니다. 소통의 본질은 메시지의 '잘못 들음'이고 인간을 이해한다는 것은 그 사람의 본성을 '잘못 보는 것'이라는 것을 뼛속 깊숙이 경험한 사람이 ("과장님, 전 어디까지라도 과장님의 뒤를 따르겠습니다"라고 달라붙어 아부하게 되거나 결혼을 하면 뼛속 깊이 알게 됩니다) 어른이 되는 것입니다.

그런데 어른이 되었다고 해서 갑자기 현명해진다든지 세상의 구조를 통찰할 수 있게 되는 것은 아닙니다. 일단 알게 되는 것은 자신의 '어리석음 정도'뿐입니다. 하지만 그것을 자각해서 "아, 그래 나의 아이덴티티라고나 할까 다른 사람으로는 대체 불가능한 '둘도 없음'이 다름 아닌 나의 '어리석음의 정도'에 의해 확인되는 거구나"라는 냉엄한 사실 앞에서 숙연해지던 차에 문득 젊은 객기로 마음껏 떠들던 때가 떠오르면 마침내 무기력한 '아저씨' 얼굴을 갖게 되는 것입니다.

『산시로』의 '위대한 어둠'도 『마음』의 '선생'도 자신 앞에서 눈을 반짝거리면서 "선생님!" 하고 우러러보는 청년을 보고 '이 녀석도 바보구나. 나를 선생으로 우러러봐서 좋을 게 하나도 없는데' 하고 생각할 겁니다. 하지만 자신의 어리석음의 정도를 알아버린 아저씨의 뭐라고 말할 수 없는 허한 느낌이 청년에게는 뭔가 그 깊이를 알 수 없는 예지의 여유처럼 보이는 거죠.

이 선생도 물론 청년이었던 시절에는 '선생의 선생'을 만났습니다. 그리고 그 허한, 갈피를 잡을 수 없는 풍모 앞에서 무한한 예지를 감지하고 스승의 일거수일투족 안에서 '수수께끼'를 찾았습니다.

그러면 그 '선생이 되기 전의 선생'이 '선생의 선생'을 오해할 수밖에 없었던 중대한 통찰은 무엇이었을까요?

이 책도 드디어 스무 쪽 남짓 남기고 클라이맥스에 접어들었습니다. 위의 질문이 아주 중요합니다. 그 질문의 답을 알게 되었을 때 여러분도 무릎을 탁 치며, "그렇군, 역시 선생님은 훌륭하군!" 하고 감탄하게 될 것입니다.

인간의 개성이라는 것은 오답자로서의 독창성입니다. 어떤 메시지를 어느 누구와도 다른 방식으로 오해했다는 사실이 그 수신자의 독창성과 아이덴티티를 결정짓는 것입니다.

신발
떨어뜨리는
사람

일본의 전통 악극인 능악能樂에 '장량張良'이라는 곡이 있습니다. 중국 한나라 시대에 이름을 떨친 장군인 장량이 젊은 시절에 황석공이라는 노인으로부터 태공망비전의 병법 극의를 전수받았을 때의 에피소드를 극화한 것입니다. 중세의 일본에서도 널리 알려진 이야기로 예술 전수의 심오함에 관해 말할 때 자주 드는 일화입니다. 다음과 같은 이야기입니다(아주 이상한 이야기입니다).

무예를 익히며 낭인처럼 지내던 젊은 장량이 황석공이라는 비칠비칠한 노인을 만납니다. 노인은 젊은데도 열심히 수행하는 장량을 갸륵해하며, 자신이 꿰뚫고 있는 태공망비전 병법을 전수해주겠다고 말합니다. 이에 장량은 기꺼이 "선생님, 선생님" 하며 몸을 아끼지 않고 바지런하게 봉양을 합니다만 노선생은 그렇게 말만 하고 그에게 아무것도 가르쳐주지 않습니다. 아무리 시간이 지나도 무엇도 가르쳐주지 않자 장량은 점점 초조해집니다.

그러던 어느 날 장량이 거리를 걷고 있노라니 저쪽 편에서 황석공이 말을 타고 오고 있었습니다. 장량 앞에까지 오자 노인은 '툭' 하고 오른쪽 신발을 떨어뜨렸습니다.

"주워서 신겨!" 노선생은 명령했습니다. 장량은 내심 화가 치밀었지만 제자가 마땅히 할 일이라고 생각해서 묵묵히 신발을 주워 노선생에게 신겨줬습니다.

시간이 흘러 또 그 거리를 걷던 장량은 말을 탄 석공과 다시 우연히 마주치게 됩니다. 그런데 이번에는 양쪽 신발을 툭툭 떨어뜨려서 주워서 신기라고 명령하는 게 아닙니까. 장량은 이전보다 더 화가 치밀었지만 이것도 병법 수행을 위한 것이라 생각하고 화를 참고 신발을 주워 신깁니다.

그 순간, 장량은 모든 것을 깨닫고 순식간에 태공망비전 병법의 깊은 뜻을 만나 무사히 스승의 기예를 전수 받게 됩니다.

• • •

이상한 이야기지요? 도대체 장량은 무엇을 터득한 것일까요? '병법의 비법'을 구체적인 기술과 지식이라고 생각하면 도무지 말이 안 되는 이야기입니다. 그런 것들을 한순간에 터득할 수 없기 때문이죠. 구체적인 기술과 지식의 문제가 아니라면 '병법의 비법'은 지식과 기술 그 자체가 아니라 그것을 소통하는 방법과 관련된 '수수께끼'라고 추론할 수 있습니다.

그런데 도대체 황석공은 장량에게 무엇을 전했을까요? 떨어진 신발을 주워서 신기게 했을 뿐이죠. 그러면 그 순간 장량이 무엇을 깨우쳤을지 상상해봅시다.

황석공이 처음에 신발을 떨어뜨렸을 때 장량은 아마도 그것을 우연이라고 생각했을 겁니다. '뭐, 실수로 떨어뜨린 거겠지.'

하지만 같은 일이 또 일어났습니다. 두 번째도 신발을 툭 떨어뜨렸습니다. 이리 되었으니 더는 우연이 아닙니다. 그러면 장량은 이때 무엇을 생각했을까요? 만화처럼 말풍선으로 그려보자면 "?"가 되겠죠.

이것입니다. 이것이 바로 '수수께끼의 생성'이라는 경험입니다.

"도대체 이 사람은 이를 통해 무엇을 전하고 싶은 걸까?"

장량은 그런 식으로 질문을 던지게 됐습니다. 다시 말하면 '신발 떨어뜨리기'와 '병법의 전수' 사이에 어떤 연관이 있음에 틀림없다는 추리를 가동시켰을 겁니다. (왜냐하면 두 사람 사이는 '병법의 전수'라는 이해관계니까요. 어떤 신호를 황석공이 보냈다면 당연히 그것과 관련된 것일 테지요.)

이 '신발 떨어뜨리기의 기호'(첫 번째는 왼쪽 신발, 두 번째는 양쪽 신발)는 병법 전수와 관련된 인간관계라는 문맥에서는 무엇을 의미할까요? 장량은 생각합니다. 아니 생각할 수밖에 없었습니다. 왜냐하면 황석공이 신발을 두 번이나 떨어뜨렸기 때문입니다.

한 번은 우연일지도 모릅니다. 그런데 똑같은 신호가 반복되면 우리들은 거기에 어떤 '메시지'가 있는 게 아닌지 생각할 수밖에 없습니다. '뭐야 이거? 뭐지? 도대체 무슨 의미지? 신발과 병법, 비법은 대체 무슨 관계지?'라고 장량은 생각에 생각을 거듭하게 되었습니다. 그리고 그 순간 "아 그렇군!" 하고 깨달았던 겁니다(여기서 장량의 지혜를 엿볼 수 있습니다).

무엇을 알았느냐 하면, '이것은 병법 전수에 관련된 수수께끼 놀이'라고 해석한 것은 바로 장량 자신이라는 것을 깨달은 것입니다.

물론 그렇다고 해서 황석공이 "자 그러면 지금부터 수수께끼를 낼 테니 열심히 풀어보도록" 하고 고지한 것은 아닙니다. 노선생은 단지 툭툭 두 번 신발을 떨어뜨린 것뿐입니다. 그것을 병법의 비법 전수와 관련된 메시지라고 생각한 것은 장량의 '오해'였습니다.

노선생의 수수께끼처럼 보이는 몸짓을 본 장량은 홀린 듯이 그 메시지 해독에 빠져들었습니다. '홀린 듯이'라는 점이 중요합니다. 장량이 홀린 이유는 거기에 '수수께끼'가 있다고 믿어버렸기 때문입니다. 그 이유는 '전후 관계로 봐서 이것은 수수께끼 놀이라고 해석하는 것이 정답일 거야'라고 노선생의 메시지를 오독했기 때문입니다.

결국 처음부터 끝까지 전부 장량 혼자서 묻고 답했을 뿐입니다. 하지만 다름 아닌 그때에 장량은 소통의 본질과 병법 극의를 동시에 터득하게 되었습니다.

'소통은 오해의 여지를 남기도록 구조화되어 있다'고 여러 차례 말했습니다. 이제는 그것이 왜 병법 극의가 되는지를 설명하기로 하죠.

만약 '이 선생님도 이제 치매가 왔구나'라고 생각해서 두 번 모두 그냥 신발만 신겨주고 그를 떠났다면 장량은 이 사건에서 아무것도 얻지 못했을 겁니다. 하지만 장량은 그렇게 하지 않았습니다. 그는 똑같은 몸짓이 두 번 연속된 것을 일종의 '신호'로 '오해'해서 그 메시지를 '해석'하는 일에 홀렸습니다.

홀린다는 것은 행동의 자유를 빼앗긴다는 것입니다. 그렇기에 결국 '황석공 선생은 다음에는 어떤 식으로 신발을 떨어뜨릴까?'라는 수수께끼 풀기에 매료됩니다. 틀림없습니다. 내기를 해도 좋습니다.

세 번째의 (결국은 일어나지 않았던) 조우를 상상해보세요. 장량이 걷고 있는데 저쪽에서 말을 탄 황석공 선생이 오고 있습니다. 장량은 심장이 두근두근하는 긴장 상태겠지요. '자 어떻게 나올까?'라고 양다리에 힘을 주고 땀을 흘리면서 그의 신발을 노려봅니다.

이것을 무도에서는 '주저앉기'라고 말합니다. '주저앉기'라는 것은 발바닥이 지면에 붙어서 요동이 없는 상태를 가리킵니다. 그중에서도 이렇게 '상대방이 어떻게 나올까?' 하는 '기다림'의 상태에 고착되어버린 경우는 주저앉기의 최악의 형태 중 하나입니다. '기다림'으로 주저앉아 있는 사람은 절대로 상대방에게 선수를 칠 수 없기 때문입니다. 상대방이 먼저 행동하고 나서야 그것에 반응할 수 있습니다. 그런 체

제는 스스로 만들었습니다. 해석자라는, 메시지의 발신자보다 늘 늦게 움직일 수밖에 없는 입장에 자신을 고정시켜버린 겁니다.

수수께끼를 해석하는 입장은 수수께끼를 내는 사람보다 반드시 늦을 수밖에 없습니다. 만약 말을 탄 황석공이 세 번째에는 우연히 만난 장량에게 칼을 내리쳤다면 어땠을까요? 처음 만났을 때는 "어이쿠! 선생님, 좀 심하시네" 하며 가볍게 응수했을 장량도 세 번째에는 '수수께끼 풀기'에 열중해서 '신발, 신발, 신발' 하며 노선생의 발만 쳐다보다가 그의 단칼에 베였을 수도 있습니다.

해석자의 위치에 몸을 고정시킨다는 것은 무도에서는 필패의 입장에 놓이는 것입니다. 상대방에게 선수를 양보하고 그가 보여주는 것을 해석하는 작업에 홀리게 되면 구조적으로 지게 되어 있습니다. 왜냐하면 해석자는 앞으로 예상되는 상대방의 움직임(장량의 경우라면 '다음은 신발을 어떻게 떨어뜨릴까?'라는 물음)을 설정해서 그 문맥에서 출현하는 신호만 주시하게 되기 때문이죠.

이에 비해서 황석공은 자유자재입니다. 여하튼 신발을 떨어뜨리는 것 자체는 아무런 의미가 없으니까요. 장량에게 손을 흔들거나 모자를 벗는 등 무엇을 해도 상관없습니다. 거기에 의미가 있다고 판단해서 자기 마음대로 주저앉기를 한 것은 장량 자신입니다.

황석공에게는 완전한 행동의 자유가 주어지고 장량은 한정적인 문맥에 고착당할 수밖에 없습니다. 그것이 세 번째 만남의 구조입니다.

황석공 필승, 장량 필패의 구조입니다.

장량은 이것을 알아차린 겁니다. '아 그래 이렇게 지는 거구나' 하고 알아차린 겁니다. 그런데 이것은 동시에 '필승의 구조'를 터득한 것이기도 합니다. '장량 같은 것'이 상대일 때 선생님처럼 하면 필승을 거둔다는 사실을 장량은 패배를 통해서 이해했습니다.

이것이 중요합니다. 장량이 황석공에게 태공망비전의 병법을 전수받을 수 있었던 것은 '필승의 병법'은 '필패의 구조'에 몸을 둔 자만이 터득할 수 있음을 온몸으로 경험했기 때문입니다. 이것을 소통의 이야기로 바꿔 말하자면 '이해'는 메시지를 적절하게 읽어내는 것이 아니라 소통이 갖는 '오해의 구조'에 정통하게 되는 것입니다.

아마도 장량은 태공망비전의 비법을 터득한 후 젊은 시절의 날카로움을 잃고 조금은 멍청한, 그리고 정체를 알 수 없는 '아저씨'가 되지 않았을까 하고 나는 상상합니다.

장량이 황석공에게 태공망비전의 병법을 전수 받은 것은 필승의 병법은 필패의 구조에 몸을 둔 자만이 터득할 수 있다는 것을 온몸으로 경험했기 때문입니다.

스승은 있다

 이 일화의 깊은 뜻은 황석공이 그저 치매 노인이었을지라도 장량은 태공망의 비법을 터득했을 것이라는 역설에 있습니다. 황석공은 아무것도 가르치지 않았기 때문이죠.
 "아! 이제 깨달았습니다" 하고 장량이 고개를 끄덕였을 때 황석공은 "응, 그럼 된 거야" 하고 말했을 뿐입니다. 정말로 장량이 어디까지 알았는지 황석공은 모르고 또 알 수도 없습니다. 이 젊은이는 제멋대로 나를 선생이라고 부르며 달라붙더니, 내가 말 위에서 졸다 신발을 떨어뜨리니까 '아 선생님, 병법의 비법을 터득했습니다'라고 말하네. 이상한 녀석이군, 하고 황석공은 생각했을지도 모릅니다(정말로).
 이 일화는 이야기 자체가 하나의 '수수께끼'로 구조화되어 있습니다. 앞에서 진술한 장량의 내면이라든지 세 번째 조우라는 것은 모두 내 나름의 해석, '독창적인 오해'에 지나지 않습니다. 그런데 이 일화의 훌륭한 점은 '뭐가 뭔지 잘 모르는 이야기'라는 것만으로도 끝없는 오해의 도가니로 독자를 유도한다는 것입니다.

이 이야기를 읽은 독자는 '수수께끼를 풀고 싶다'는 강한 욕망에 휩싸여 거기서 벗어날 수가 없게 됩니다. 나 또한 그 술책에 말려들어 홀린 듯이 해석에 심취해버렸습니다. 나 또한 황석공에게 진 것입니다. 아무것도 가르치지 않는 사람에게서(게다가 나의 선생도 아닌 사람에게서) 제멋대로 이것저것 배워버렸습니다.

이 일화는 '수수께끼와 교육'의 본질에 관한 일화인 동시에 그 자체로 중세 이래 수백 년에 걸쳐 수수께끼로, 교육 실천을 부추기는 기능을 해왔습니다. 대단하죠.

이쯤에 이르면 내가 왜 이 책의 제목을 '스승은 있다'로 붙였는지 여러분은 슬슬 눈치챘으리라 생각합니다.

교육에서의 '단추 잘못 끼우기'는 교사를 말할 때 '견식이 높고 인격 수양이 된 사람이 교사여야 한다'는 것을 전제로, 이 선생은 꽤 훌륭하다, 저 선생은 그 정도로 훌륭하지는 않다는 따위의 평가를, 배우는 쪽에서 할 수 있다고 생각한 점에 있습니다. 평가를 한 상태에서 '저 선생님은 이것저것 많은 것을 알고 있는 것 같으니 저 분의 제자가 되자', '저 사람은 함량 미달이니까 그만두자'는 식으로 제자가 판정하는 것을 '배우는 자의 주체성'이라고 생각한 것이 잘못의 시작입니다.

우리들은 뭔가를 배울 때 전기밥솥을 살 때처럼 제품 설명서를 살펴

보거나 기능을 읽어보거나 잠깐 빌려 밥을 지어보는 식으로 선생을 고를 수 없습니다. 그렇게 생각하면 큰 착각입니다. 사제 관계를 상품 매매 관계로 유추해서는 안 됩니다. 만약 선생이라는 존재를 어떤 지식과 기술을 구체적인 형태로 소유하고 그것을 고객에게 전수한 대가로 보상 받는 직업인으로 정의한다면 그와의 관계를 사제 관계라고 부를 수 없을 뿐더러 진정한 의미의 배움 또한 얻을 수 없습니다. 왜냐하면 그런 관계에서는 배우는 자가 자신에게 어떤 지식과 기술이 결여되어 있는지 사전에 알고 있다는 것이 전제되어 있기 때문입니다.

"저민 돼지고기 2백 그램 주세요."

"네, 5천 원입니다."

이것은 건전한 거래이긴 합니다만 배움은 아닙니다. 왜냐면 이러한 관계에서 스승이 갖고 있는 지식과 기술은 제자가 이미 소유하고 있는 것과 같은 것으로, 단지 양적으로 많이 소유하고 있는 것에 지나지 않기 때문입니다.

뭔가를 배운다는 것은 정액의 대가를 지불하면 그에 상응하는 상품이 나오는 자동판매기를 이용하는 것과는 다릅니다. 진정한 사제 관계를 통해 배우는 것은 자신이 그 선생으로부터 무엇을 배우는가를, 사사師事받기 전에는 미처 말할 수 없는 무엇입니다.

앞의 장량의 일화에서 보셨듯이 장량은 태공망비전의 병법이 어떤 것인지 황석공에게 사사받기 전에는 모릅니다. 그것이 어떤 형태인지,

어떤 방식으로 전수되는 것인지, 대체 어떤 목적을 지닌 기예인지조차 모릅니다. 터득한 후에서야 '스승이 가르친 것'이 무엇이었는지를 회고하는 겁니다.

스승이 어떤 정보와 기예를 갖추었는지 제자는 스승의 제자가 되기 전에는 모릅니다. 제자가 되고 나서야 비로소(경우에 따라서는 스승과 작별하고서야) 당신이 놀랄 만한 지와 기를 지녔다는 것을 알게 됩니다.

배우는 자란 '나는 무엇을 할 수 없는가?', '나는 무엇을 모르는가?'를 말할 수 없는 자입니다.

"그럼 무엇을 배워야 하는지 당최 모르겠어"라고 불평하는 사람이 있을지도 모르겠습니다만 그것으로 충분합니다. 뭔가 순서가 잘못된 것처럼 들리겠습니다만 제자가 될 때까지(혹은 스승이 곁을 떠날 때까지) 제자는 자기 앞에 있는 인간이 스승이라는 사실의 진짜 의미를 모르기 마련입니다.

• • •

선생은 본질적으로 기능적인 존재이고, 선생을 교육적으로 기능하게 하는 것은 결국 배우는 자의 주체성이라는 역설을 잘 알았던 자크 라캉은 이렇게 말하고 있습니다.

가르친다는 것은 매우 복잡한 것으로, 나는 지금 교탁에 서 있습니다만 이 장소에 서게 되면 누구라도 일단은 겉으로 보기에는 그 나름의 역할을 할 수 있습니다. … 일단은 무지하다는 사유로 부적격 판정을 받을 교사는 없습니다. 인간이란 알고 있는 자의 입장에 서게 된 동안에는 늘 충분히 알고 있습니다. 가르치는 자로서의 입장에 서는 한 누구에게도 도움이 되지 않는 경우는 결코 없습니다.

(우치다 타츠루, 『타자와 죽은 자-라캉에 의한 레비나스』)

"인간이란 알고 있는 자의 입장에 서게 된 동안에는 늘 충분히 알고 있다."

라캉의 이 단언이 의미하는 것은 '안다는 것'이 콘텐츠 차원이 아니라 커뮤니케이션 차원의 문제라는 것입니다. 스승이 스승으로 기능한다는 것은 스승에게 형태로서의 지, 정량할 수 있는 종류의 지식이 있고, 그것을 제자가 배우는 것이 아니기 때문입니다. 그건 라캉 자신에게도 해당되는 것이었습니다.

스승이 스승으로 존재하는 것은, 스승이 어떤 기능을 할 수 있는지 스승은 알고 있지만 제자 자신은 모른다고 생각하기 때문입니다. 제자는 내가 모르는 것을 스승이 알고 있다고 상정함으로써 무엇인가를(종종 스승이 가르치지 않은 것을) 배웁니다. 그리고 무엇인가를 배우고 난 뒤에야 그걸 배우게 해준 스승의 위대함을 비로소 알게 되는 것입니다.

배우는 자는 제자 자신이지 가르치는 자가 아닙니다. '그것이 무엇인지 말할 수 없는 것을 알고 있는 자가 여기에 있다'고 오해함으로써 배움이 성립하는 것입니다.

· · ·

라캉은 당대 파리의 내로라하는 지식인과 예비 지식인이 교실을 가득 메운 전설적인 강의에서 다음과 같이 선언했습니다.

자신의 질문에 답하는 것은 제자 자신의 일입니다. 스승은 '교단 위에서' 기존의 학문을 가르치는 것이 아닙니다. 제자가 대답을 찾는 바로 그때에 답을 제공합니다.

(자크 라캉, 『프로이드 기법론_상』, 「세미네루 개강」)

아이가 모국어를 처음으로 배우기 시작할 때를 생각해보세요. 아이는 '말'이라는 게 무엇인지 아직 모릅니다. '나도 이제 곧 학령기가 되니까 우리말을 제대로 공부해두지 않으면 안 된다'라는 식으로 판단을 내린 뒤 합리적으로 모국어 학습을 시작하는 아이는 없습니다. 자신에게 말을 걸어오는 엄마의 말을 듣고 있는 아이는 아직 말을 모릅니다. 그러나 이미 말에 의한 소통의 현장에 동참하고 있습니다. 아이가 태어나기도 전에 언어는 이미 성립되어 있어, 그의 탄생은 언어보다 절대적으로 늦을 수밖에 없습니다. 바꿔 말하면, 이미 게임은 시작되었고, 아이는 규칙을 모른 채 강제로 게임에 참가한 셈입니다.

그럼에도 불구하고 아이는 머지않아 사람들이 주고받는 말의 의미를 하나씩하나씩 발견해갑니다. 그것은 어른들이 '말에 의미가 있다'는 것을 가르쳐줬기 때문이 아닙니다. 아이는 음성이 어떤 것을 기호로 대리 표상한다는 '말의 규칙'을 모른 채 말 속에 던져지기 때문에 알아갑니다.

이 프로세스의 경이로움은 규칙을 모르고 게임을 하는 중에 규칙을 발견한다는 역설에 있습니다. 아이가 사람들의 음성이 의미를 전달하는 기호라는 것을 알게 된 것은 뜻도 모를 음성을 듣고 "이것은 뭔가를 전하려는 게 아닐까?" 하고 물음을 던졌기 때문입니다. 수수께끼처럼 보이는 음성에 메시지가 있는 게 아닐까? 이러한 기호 배열에는 어떤 규칙성이 있는 게 아닐까? 이것이 바로 모든 배움의 근원에 있는 질문 던지기입니다. 배움의 모든 여정은 질문을 던질 수 있느냐 그렇지 않느냐에 달려 있습니다.

'그렇게 함으로써 당신은 무엇을 전하고 싶은가?'라는 질문은 질문하는 자 자신이 던질 수밖에 없습니다. 누군가 대신 물을 수는 없습니다. 제가 '배움의 주체성'이라고 부르는 것은 바로 이것입니다.

장량의 예에서 알 수 있듯이 "그렇게 함으로써 당신은 무엇을 전하고 싶은가?"라는 질문 과정에 배움의 시작과 끝이 모두 집약되어 있습니다. 장량이 그것을 이해한 것은 물음에 '정답'이 제공되지 않았기 때문입니다(황석공은 아무것도 가르치지 않았습니다). 황석공의 행동을 규칙적인 게임으로 간주하고 '규칙은 무엇인가?'라는 질문을 던져 스스로 '게임의 규칙'을 발견했기 때문입니다.

나는 장량이 그때 어떤 '게임의 규칙'을 발견했는지 모릅니다(앞에서 쓴 것은 내 마음대로 상상한 것입니다). 그것이 무엇이라도 좋습니다. 그래서 이 일화는 '비법'의 내용에 관해서는 단 한마디 언급도 없습니다.

똑같은 수수께끼 게임에서 장량은 장량의 규칙을 발견하고 나는 '나의 규칙'을 발견합니다. 똑같을 필요는 전혀 없습니다. 아니 같아서는 안 됩니다. 배움의 풍요로움은 누군가에게 배움을 얻어낼 수 있는 식견이 배우는 사람의 수만큼 존재한다는 것을 담보로 하니까요.

'당신은 그렇게 함으로써 나에게 무엇을 전하고 싶은가?' 하는 물음을 던질 수 있는 상대방이 있는 한 배움은 무한으로 열려 있습니다. 우리가 인간으로서 성숙할 수 있는 가능성은 오직 그 점에 있습니다. 제가 '스승은 있다'는 말로 전하고자 한 것은 바로 그것입니다.

뭐라고요? 여기까지 읽었는데 우치다가 무엇을 말하려는지 모르겠다고요?

"당신, 이런 책을 써서 도대체 뭘 말하고 싶은 겁니까?"

음…. 드릴 말씀이 없습니다. 그러면 이만 노선생은 실례하겠습니다. 부디 용서를!

스승은
있다

옮긴이 후기

이런 선생님
어디 없나요?

　6년 전 유학을 마치고 한국에 돌아왔을 때 만나는 선후배들의 한결 같은 질문과 요청은 다음과 같았습니다.
　"박사 논문은 어떤 최신 이론에 기초해서 썼나요?"
　"그 이론이 어떤 새로운 패러다임에 기초했는지 꼭 들려주세요!"
　이런 요청도 있었습니다.
　"그 최신 이론을 교육에 어떻게 적용할 수 있을지 저희 학회에서 꼭 발표해주세요."
　이런 질문과 요청에 무척 당혹스러웠던 기억은 지금도 선명하게 남아 있습니다. 내가 인간을 논하고 세계를 바라보는 철학적 전제로 삼은 건 '백여 년 전'에 활약했던 러시아 심리학자 비고츠키의 아이디어였으니까요. 최신 이론과 패러다임에 맹목적으로 목말라하는 그들에게 그 옛날 사람인 비고츠키의 이름을 꺼내면 찬물을 끼얹은 듯 냉랭

해질 것이 분명했습니다. 그런데 당시에는 내가 느낀 '이건 아닌데' 하는 위화감에 대응할 '말'을 미처 가지고 있지 못했습니다. 최근에서야 비로소 그 질문과 요청에 응대할 수 있는 '말'을 갖게 되었습니다. 그 말을 갖게 해준 이는 다름 아닌 우치다 타츠루 선생입니다. 선생의 말을 처음 만났을 때의 충격은 지금도 잊을 수가 없습니다.

'패러다임의 바깥'이라는 사람들의 기본적인 취향에는 물론 이의를 제기할 생각이 전혀 없습니다. 그것은 생물로서의 인간이 지닌 본능이기 때문이죠. 하지만 '바깥'은 그때그때마다 새로운 것이 아니라고 생각합니다. 오히려 시간의 변화에 견딜 수 있는 작품의 성질 안에 '바깥'의 밑씨가 잠재할 수 있는 게 아닐까요. 곧바로 시대에 뒤떨어질 말은 '조금 이전'이었다면 그 말을 쓴 본인조차도 의미를 모를 말일 겁니다. 아이러니하게도 패러다임의 바깥을 겨냥하는 말은 지금은 이미 낡았다고 취급되는 패러다임 안에서도 독해가 가능하고 독자와 공감할 수 있는 말이어야 한다고 생각합니다. 즉 '미래에 독해 가능한 텍스트'라는 것은 과거에도 독해가 가능한 텍스트가 아닐까요?

(우치다 타츠루, 『아이들은 알아주지 않는다』)

이것은 내가 여태껏 접한 패러다임을 설명하는 말 중에서 가장 적확한 말입니다. '시간의 변화에 견딜 수 있는 작품의 성질' 안에 패러다임의 '바깥으로의 밑씨'가 잠재하고 있다는 우치다 선생의 제언은 강력한 힘을 갖고 있었습니다. 이 말은 내게 백여 년 전 활약한 비고츠키의 아이디어에 대한 독해를 계속할 것을 요구했고, 선생의 다른 작품을 죄다 읽어볼 것을 권유했습니다.

그래서 읽은 작품 중 하나가 이번에 출간하게 된『스승은 있다』입니다. 번역을 위해 이 책을 반복해서 읽고 음미하다 보니 우리가 그간 지적담론의 진정한 의미를 잊고 있었던 건 아닐까 하는 생각이 문득 들었습니다. 지적담론의 의미는 누군가를 끽소리 못하게 하거나 자신을 고정된 입장과 시점에 묶어두기 위한 것이 아닐 겁니다. 또한 공동체에서 자신의 위계를 올리기 위한 무기도 아닐 겁니다. 무엇보다 자기완결을 추구하는 게임도 아니고 단 하나의 점과도 같은 '옳음'에 점근선을 긋고 접근해가는 맹목적인 탐구와도 거리가 멉니다.

한 가지 의미와 한 가지 입장으로는 결코 해소되지 않아서 흔들림과 어긋남과 불확정성에 자신을 과감하게 풀어놓을 수밖에 없는, 이로써 자신의 지평이 바뀌고 고정된 세계에서 느긋이 풀려나는, 자유의 감각을 찾기 위한 길이 바로 지적담론의 목적이 되어야 합니다.

● ● ●

이 책에서 우치다 선생은 "내가 옳다고 주장하는 지知가 아니라 내가 틀린 것은 아닐까라고 의심하는 지知"의 쪽에 서 있다는 느낌을 강렬히 받았습니다. 그의 이러한 관점은 당대의 교육과 학습, 학교 그리고 교육정책을 논하는 많은 식자들이 자기 자신의 생각만이 옳다고 주장하는 것으로부터 비롯되는 극단주의, 그리고 거기서부터 파생할 수밖에 없는 일종의 폐쇄감에 대한 가차 없는 이의신청이라 여겨집니다. 이의신청답게 지知의 유열愉悅로 가득한 이 텍스트는 지금의 우리에게 꼭 필요하다는 생각이 듭니다.

정치가들을 비롯해서 작금의 언론과 학계의 많은 전문가들은 무엇이 옳고 그른가를 생각하기보다는 '자신이 말하고 있는 것만이 옳고 정답'이란 걸 증명하느라 바쁩니다. 그것보다 더 심각한 것은 자신이 그러고 있다는 사실조차도 자각하지 못한다는 것입니다. '내가 말하는 것만이 옳다 혹은 정답이다'라는 것은, 나도 한때 그랬던 것처럼—고백하건대 지금도 완전히 자유롭지 못합니다—자신이 주장하는 것 이외의 모든 것에 "아니오!"라고 외치는 것입니다. 그러한 극단주의는 여전히 우리 주위에 있습니다.

∙ ∙ ∙

그러면 전문가가 아닌 일상에서 만나는 이웃들은 어떨까요?

그들도 그리 형편이 나아 보이지 않습니다. 어딘가에 있을 '진리' 혹은 '정답'을 찾는 일을 게을리하지 않습니다. 그리고 기어이 찾아내고야 맙니다. 그런데 그들이 찾은 것은 정답이 아니라 정답을 대신 말해주는 전문가들이거나 늘어질 대로 늘어진 카세트테이프에서 나오는 식상한 어휘로 꾸려진 저작물과 그들을 기용하는 매스컴입니다.

우리의 많은 이웃들은 이처럼 자각하지 못한 채 '극단'에 있는 자들의 동조자가 되고 있습니다. 물론 여기서 말하는 극단이란 "나를 따르라" 하고 급진적인 개혁을 외치는 사람이나 그다지 급진적이지는 않다 하더라도 뭔가를 무조건 바꾸는 데 혈안이 되어 있는 사람들이 활개치는 영토를 가리킵니다. 우치다 선생은 이러한 세계에 어디선가 갑자기 나타난 보기 드문 비非 극단적인 사람입니다.

'비 극단'이라는 말은 언뜻 뜨뜻미지근한 느낌이 듭니다만, 그렇게 볼 수만은 없습니다. '비 극단'만큼 도달하기 힘든 경지도 없습니다. 우치다 선생의 사상에 지대한 영향을 끼친 철학자 에마뉘엘 레비나스의 가르침이기도 한 '특정한 관점이나 시점에 고착하지 않는 것'에 고착하는, 카를 마르크스를 논하면서도 마르크스주의에 빠지지 않는, 롤랑 바르트를 논하면서도 롤랑 바르트의 말에 매몰되지 않는 그러한 유연함을 나는 '비 극단'이라는 말로 표현하고 싶습니다.

그런 비 극단적인 사람의 작품은 우리들을 한 번도 경험해보지 못한 미지의 세계로 안내합니다. 그 세계의 풍경의 경험은 너무나도 강렬하기 때문에 익숙해질 대로 익숙해져 있던 곳에 다시 안전하게 발을 내려놓을 수가 없는 지경입니다. 하여 이 책은 확실히 '비밀의 화원'에 사는 인문학자만이 쓸 수 있는 특별한 텍스트입니다.

• • •

이 책의 원제목은 『선생님은 훌륭하다』입니다. 우치다 선생은 이 책의 도입부에서 '누구한테나 좋은 선생은 존재하지 않는다'고 단언합니다. 저자는 배우는 쪽이 '이 선생의 훌륭한 점은 나만 알고 있다'고 오해해야만 사제 관계가 시작될 수 있다고 말합니다. 즉, 선생이 훌륭한지 그렇지 않은지의 여부는 과학적인 잣대가 아닌 배우려고 하는 자의 주관적인 판단, 더 정확히 말하자면 '오해'에 의한다는 것입니다.

저자가 말하는 '선생은 훌륭하다'는 것은 세상의 "모든 선생(교사)을 훌륭하다고 생각해라"라든지 "나 이외의 모든 사람은 선생이다"가 아닙니다. "내가 모르는 것을 알고 있음에 틀림없다"라는 생각이 들게끔 하는 사람과 이른바 오해를 포함한 관계성에 물들어감으로써 순전히 자기 마음대로 '배움'을 구축하게 된다는 것입니다. 이 과정에서 학생은 선생이 알고 있는 것 이상을 배울 수도 있게 되는 겁니다.

그런데 선생은 왜 훌륭한 걸까요? 이는 독립적인 기준이 있거나 혹은 객관적인 평가가 가능한 것이 아니라 반드시 배우는 자와의 관계 속에서 논해야 합니다. 즉, 배움은 배우는 자의 온전한 주체적 행위이기에 선생이 훌륭하다는 것은 그것과 동어반복일 수밖에 없다고 나는 이해(오해일지도 모릅니다)했습니다. 배우는 자가 어떤 사람에게 배움의 가치를 발견했을 때 그 사람이 훌륭하게 보이는 것이고 그때서야 그 누군가는 비로소 선생이 되는 것입니다.

• • •

나는 우치다 선생의 저서를 지금까지 열다섯 권 정도 읽었는데, 이 책에 우치다 선생의 주시점이 응축되어 있다고 생각합니다. 그리고 그의 모든 저서가 '거의 똑같은 것'을 말하고 있는 건 아닐까 하고 최근에 문득 생각(망상)하게 되었습니다. 물론 다루고 있는 테마와 내용은 전혀 다릅니다만 나에게는 그의 모든 저서가 모든 저작의 해설서 같은 느낌입니다. 예컨대 어떤 저작에서는 어려워서 이해하기 어려웠던 문장이 다른 저작에서는 알기 쉽게 쓰여 있다든지 뭐 그런 거 말입니다.

우치다 선생은 '좋은 선생'은 수수께끼 같은 선생, 혹은 베일에 가려져 있는 선생이라고 말합니다. 선생의 글에는 평범한 어휘로는 담을 수 없는 그 무엇과 (흔하디 흔한 말이라서 망설여지지만) 깊이를 헤아릴 수 없는 통찰력이 신선한 말로 표현되어 있습니다. 그래서 저는 이분이 혹시 외계에서 오신 분은 아닌지 의심을 거듭하고 있습니다.

그런데 이것은 순전히 나의 '오해'일지도 모릅니다(아마도 그럴 겁니다). 그러나 '사제 관계는 본질적으로는 오해에 기초하고 있다'고 이 책에 나와 있는 것처럼 다름 아닌 이러한 태도야말로 나와 우치다 선생이 사제 관계를 맺는 첫 출발점이 되지 않을까 싶습니다(점점 망상의 골이 깊어지는 것 같습니다).

이 이상 후기를 쓰게 되면 선생에 대한 오해가 얼마나 더 깊어질지 모를 노릇이니 결론을 서두르겠습니다. 독자 여러분들도 이러한 오해의 여정에 참여해보고 싶지 않으신가요? 그 오해의 여정 속에서 만나게 되는 사람, 그게 바로 다름 아닌 당신만의 훌륭한 선생님일 겁니다.

2012년 7월 백양산 기슭에서

박동섭

스승은 있다

초판 1쇄 발행 | 2012년 7월 20일
초판 10쇄 발행 | 2022년 12월 15일

글쓴이 | 우치다 타츠루 內田樹
옮긴이 | 박동섭
펴낸이 | 현병호
편집 | 김경옥, 최민유, 홍미진
디자인 | 봄밤에별은
펴낸곳 | 도서출판 민들레
주소 | 서울시 마포구 성산동 209-4
전화 | 02) 322-1603
전송 | 02) 6008-4399
전자우편 | mindle98@empas.com
홈페이지 | www.mindle.org

ISBN 978-89-88613-50-4 03370

값은 뒤표지에 있습니다. 잘못된 책은 바꾸어 드립니다.